KB105693

─── 한국어판 일러두기 ───

- 일부 유로 및 달러 값을 원화로 환산하여 병기하였습니다. 환율은 편의상 1달러는 원화 1,220원, 1유로는 원화 1,300원을 기준으로 하였습니다.

- 파트4 〈NFT에 대한 투자〉 본문 중 영문 고딕체는 해당 사이트에 보이는 메뉴명을 표시한 것이며, 옆의 작은 별색 글자는 메뉴를 우리말로 번역한 것입니다.
  예) **Funding** 자금 해당 사이트의 Funding 메뉴로, 그 의미는 '자금'을 뜻함.

- 책에 실린 여러 조언은 저자와 원출판사가 세심하게 작성하고 확인했습니다. 그러나 보장할 수는 없습니다. 마찬가지로, 개인 상해, 재산 피해 및 재정적 손실에 대한 저자 또는 발행인 및 그 대리인의 책임은 배제됩니다.

- 여러 외부 링크는 원서가 출판되는 시점(2022년 2월)에 확인되었습니다.

First published as "Reich mit NFTs"

by Mike Hager

In collaboration with Dr. Petra Begemann
© 2022 by FinanzBuch Verlag,
Muenchner Verlagsgruppe GmbH, Munich, Germany.
www.finanzbuchverlag.de.

All rights reserved. No part of this book may be used or reproduced in any manner whatever without written permission except in the case of brief quotations embodied in critical articles or reviews.

Korean Translation Copyright © 2022 by Yemun Publishing, co., Ltd.
Korean edition is published by arrangement with Münchner Verlagsgruppe GmbH, Munich
through BC Agency, Seoul

이 책의 한국어판 저작권은 BC에이전시를 통한 저작권자와의 독점계약으로
(주)도서출판 예문에 있습니다. 저작권법에 의해 한국 내에서 보호를 받는 저작물이므로
무단전재와 복제를 금합니다.

NFT로 부자 되기

〈NFT의 황제〉가 말하는 NFT 투자의 모든 것

미케 하거 지음
이정린 옮김

나는 대부분의 사람들 머릿속에 상상으로만 머물러 있는 것에 항상 관심이 있었다. 마케터들은 이런 나를 '얼리 어답터'라고 부를 것이다. 새로운 것에 빠르게 열광하는 그런 사람. 2013년 초 비트코인 때도 마찬가지였다. 그당시 금융 전문가를 포함하여 내 전체 인맥 중에 비트코인에 대해 들은 사람은 아무도 없었다. 비트코인에 대해 알려주려고 하자 그들은 이렇게 소리쳤다. "튤립 버블이야!". 17세기 네덜란드에서는 시장이 붕괴되기 전 튤립 알뿌리들이 천문학적인 가격으로 거래됐고, 많은 구매자들이 파산했다. 나는 주변 사람들의 암울한 전망에도 굴하지 않고 30유로_{한화 약 4만 원}를 주고 30비트코인을 샀다. 가격이 180유로_{한화 약 24만원}가 되자 다시 팔았고 내가 거둔 수익에 만족했다. 마침내 나는 투자액을 6배로 늘렸다! 그러고 나서 2017년 비트코인 가격은 10,000유로_{한화 약 1,351만 원}를 넘어섰고, 최근 50,000유로_{한화 약 6,759만 원}를 넘긴 적도 있다. 어쨌든 나는 3,000유로_{한화 약 405만 원} 때 다시 샀다.

내가 엄청나게 빠르게
56억 부자가 된 비결

게리 비의 예측이 틀릴 수는 없지 않을까?!

2021년 초, 나는 고전적인 데자뷔를 경험했다. 미국의 마케팅 천재이자 투자자이며 스타 기업가인 게리 바이너척Gary Vaynerchuk, 일명 '게리 비'의 게시물에 'NFTnon-fongible token'라는 약어가 등장했다. 그 후 얼마 지나지 않아 미국 블로그에서 블록체인 기술을 기반으로 디지털 정품 인증서를 생성해 디지털 경제재토큰에 고유성을 부여할 수 있는 가능성에 관한 글을 읽게 되었다. 이내, 이전에 여러 번 복제할 수 있었던 디지털 아트는 교환할 수 없으며 대체할 수 없는non-fongible 대상, 즉 유일물Unikat이 되었고, 다른 '진짜' 예술작품과 같이 거래할 수 있게 되었다. 우리는 이것이 물건의 가격에 어떤 의미를 갖는지 쉽게 예상할 수 있다.

그러다가 내가 가장 좋아하는 팟캐스트 중 하나인 팀 페리스Tim Ferriss의 팟캐스트에서 NFT에 대해 우연히 들었을 때, 나는 금융계 친구들에게 "이거 들어본 적 있어?"라고 물었다. 대답은 "아니!"였다. 내 암호화폐 친구들조차도 NFT에 대해 전혀 몰랐다. 내가 그것을 설명하려고 하자마자 언제나처럼 "응, 응. 튤립 거품!" 하고 말했다. 그 순간 내가 무엇을 해야 하는지 깨달았다. 나는 이 신비에 찬 NFT에 대해 알게 될 것이며, 비트코인보다 훨씬 더 많은 돈을 벌고 더 길게 투자하게 될 것이라는 걸 느꼈다. 나는 마치 우주가 나에게 "이봐 마이크, 그 당시 자넨 비트코인을 제대로 이해하지 못했잖아. 여기 일생에 단 한 번뿐인 두 번째 기회가 있어."라고 말하는 것 같았다.

몇 달 동안 나는 NFT 세계에 깊이 빠져들었다. 나는 NFT 트위터에서 사람들을 팔로우하고, 디스코드를 통해 채팅을 하고, 팟캐스트를 듣고, 내가 찾을 수 있는 것을 읽고, 소셜 미디어에서 NFT 예언자들과 아티스트를 찾아다녔다. 자는 것, 먹는 것, 그 모든 것은 부수적인 문제에 지나지 않았다. 내 일생의 약 2,000시간을 이 테마에 투자했고, 현재까지도 그 숫자는 계속 늘고 있다. 나는 오랫동안 국제적인 팟캐스트를 포함해 여러 팟캐스트에서 전문가로 초청 받았고, 나의 멘토링 프로그램 <마이크 머니 멘토링 : 금융의 미래Mikes Money Mentoring – The Future of Finance>에서 다른 사람들에게 조언하고 있다.

역사적인 날짜 하나

나는 2021년 2월 28일에 첫 번째 NFT인 크립토펑크CryptoPunk를 구입했다. 여기에 나는 24.62이더ETH를 지불했다. 각 NFT는 암호화폐로 거래되며 그중 주로 '이더'로 거래된다. 구매 당시 1이더는 1,200유로한화 약 161만 원 가까이 했다. 하지만 나는 이미 몇 년 전에 개당 200유로한화 약 26만 원에 60개의 이더를 구입했고, 그걸로 총 4,924유로한화 약 661만 원를 투자했다. 얼마 뒤 나는 두 번째 크립토펑크를 샀다. 그 후 얼마 지나지 않아 '라바랩스Lava Labs'라는 앱디자인 및 비주얼아트 스튜디오에서 출시한 10,000개의 크립토펑크 고유 시리즈 중 세 번째 시리즈를 샀다.

처음엔 매우 비싼 펑크를 무료로 '신청', 즉 확보할 수 있었다. 2017년에 이를 위해 유일하게 필요한 것은 블록체인의 디지털 지갑인 크립토 월렛뿐이었다. 그 시리즈를 구매한지 몇 달 후인 2021년 가을, 100이더 미만에서 거래되는 크립토펑크는 거의 없었다. 약 3,500유로한화 약 470만 원 정도의 10월 이더 환율로 계산해 보면 350,000유로한화 약 4억 7천만 원에 달했다. 그리고 내 펑크가 이런 저런 가치 있는이유는 희귀하기 때문 속성을 갖게 된 후, 이 3개의 크립토펑크는 이제 100만 유로한화 약 13억 4천만 원가 훨씬 넘는 가치를 가지게 되었다. 나쁘지 않은 수익 아닌가?

백만장자가 되기 위해 NFT 몇 개를 구입하기 전에 잠시 생각해봐야 할 것은, 이 같은 가격 상승에는 여러 요인이 동시에 일어난다는 점이다. 내 트위터 계정Warrenhimself(@nullinger)에서도 볼 수 있듯이 크립토펑크는 인터넷에서 아바타나 프로필 사진으로 사용할 수 있는 여러 시리즈물을 발행했고, 이것을 통해 최소한 '프로필 사진Profile Picture' 분야, 줄여서 PFP 프로젝트에서는 최초의 NFT 아트 프로젝트로 간주된다.

2021년 5월, 유서 깊은 경매 회사 크리스티는 9개의 크립토펑크를 경매에 부쳐 거의 1,700만 달러한화 약 205만 원의 낙찰가를 기록했다. 당연히 이 일로 펑크의 위상은 더 높아졌다. 게다가 암호화폐 및 디지털 분야의 유명 인사들이 멋진 픽셀 헤드에 투자했다. 그중에는 게리 바이너척을 비롯해 스눕 독Snoop Dogg 또는 세레나 윌리엄스Serena Williams와 같은 유명 스타들도 들어 있었다. 여담이지만 나는 엘론 머스크Elon Musk도 이미 크립토펑크를 가지고 있는데 다만 아직 공개하지 않았을 뿐이라는 데 배팅한다. 내가 그런 내기에서는 꼭 이기려고 한다는 건 알고 계시길.

나는 또 아디다스Adidas가 '지루한 원숭이 요트 클럽Bored Ape Yacht Club' 시리즈 NFT를 곧 구매할 것이라고 트위터 게시물에 공개적으로 배팅했는데, 실제로 그 직후에 그렇게 됐다. <F.A.ZFrankfurter Allgemeine Zeitung>에서 <뷔르츠샤프트보헤Wirtschaftswoche>에 이르기까지 언론에서 크립토펑크 현상에 대해 기사를 쏟아냈다. 그리고 아티스트 비플Beeple의 NFT 콜라주 '매일: 첫 5000일Everydays: The First 5000 Days'이 크리스티 경매에서 6,900만 달러한화 약 835억 2,450만 원까지 치솟은 이후로 누구나(적어도 신문을 읽거나 뉴스를 보는 사람은) NFT에 대해 듣게 되었다. 덧붙이자면 6,900만 달러는 지금까지 살아있는 예술가의 작품에 매겨진 세 번째로 높은 가격이다. 1등과 2등은 제프 쿤스Jeff Koons와 데이비드 호크니David Hockney가 차지하고 있다. 비교를 하나 들어보면, 역사상 가장 비싼 반 고흐의 그림 <가셰 박사의 초상>은 1990년 8,250만 유로한화 약 1,108억 5,112만 원에 팔렸다. 덧붙여 말하자면 만약 이 작품이 NFT였다면 반 고흐의 후손들은 이 판매 로열티로 825만 유로한화 약 110억 8,701만 원를 받았을 것이다. 어떻게 그게 가능할까? 모든 NFT 예술 작품에 대해 예술가는 소위 '스마트 계약Smart Contract' 시 로열티예를 들어 10%를 예치할 수 있는 옵션이 있으며, 작품이 재판매될 때마다 자신 또는 후손이 이를 자동으로 받게 된다.

요행수에서 전문가의 통찰로

내가 처음 NFT를 샀을 때, 어느 정도 운이 작용한 것도 사실이다. 크립토펑크가 NFT 블루칩 중 하나가 될 거라는 건 2021년 2월의 내게도 확실치 않았다. 사실 처음 그걸 구매한 후에야 비로소 이 주제에 대해 쉬지 않고 연구하기 시작했다. 그리고 성공했다.

5월 1일 이른 아침, 다시 잠이 오질 않아 인터넷에 접속했다. 그곳에서 나는 '지루한 원숭이들Bored Apes'과 며칠 전 출시된게시된 10,000개의 프로필 사진 시리즈를 발견했다. 이 원숭이 사진 중 하나를 소유하면 자동으로 '지루한 원숭이 요트 클럽'의 회원이 된다. 이 클럽의 회원이 나중에 전체 NFT 분야에서 가장 인기 있는 회원이 될 줄은 정말 몰랐다. 농구 선수 스테판 커리Steph Curry, 미국에서 가장 유명한 TV 진행자인 지미 팰런Jimmy Fallon, 기업가의 전설 마크 큐반Mark Cuban, 음악 프로듀서 팀버랜드Timbaland, 음악가 포스트 말론Post Malone, 그리고 게리 바이너척 같은 유명인사들이 클럽의 회원들로 있다. 실시간 저명인사 회원 명단은 famous ape club 웹 사이트에서 언제든지 찾아볼 수 있다. 나는 왜 아직 저명인사 명단에 없는지 묻지는 말아 달라. 나 또한 내 자신에게 정말 화가 나니까. 그 당시 나는 블록체인에서 생성된 이러한 NFT 중 10개를 민팅Minting. 그림이나 영상 등 디지털 자산의 NFT를 생성하는 것을 일컫는 용어(그냥 무턱대고 미리 구매)했다.

그 사이 나는 NFT 시장의 법칙을 더 잘 알게 되었다. 여기 모든 것이 가치 있는 투자라는 생각이 들었고, 이 기괴한 원숭이들이 정말 멋지다고 생각했다. 그런 내 판단은 옳았다. 2021년 9월 기준 '지루한 원숭이' 시리즈는 거의 2억 6천만 달러한화 약 3,147억 3,000만 원의 수익을 올렸다. 내 '원숭이들'의 현재 가격은 약 160만 유로한화 약 21억 5,320만 원지만 한 때는 250만 유로한화 약 33억 6,427만 원에 달하기도 했다. 내가 제작한 사진 속 운동화옆 페이지 사진 참고에서 그중 하나를 볼 수 있다. 게다가 '지

루한 원숭이'를 구입하면 NFT와 함께 자신의 원숭이에 대한 상업적 이용 권한도 함께 획득하기 때문에 시리즈를 만들어 판매할 수 있다. 나는 최초 구매자로 내가 구입한 모든 원숭이에 대해 나중에 개 한 마리씩을 추가로 받았다. 이들의 가치는 현재 166,000유로한화 약 2억 2,333만 원에 달한다. 거기에 더해 나중에 (또한 NFT의 형태로) 소위 '돌연변이 원숭이Mutant Apes'라고 불리는 '지루한 원숭이'로부터 새로운 원숭이를 만들 수 있는 이른바 혈청Serum 10개를 받았다. 이 '돌연변이 원숭이 혈청Mutant-Apes-Serum' 10개 가격은 현재 282,000유로한화 약 3억 7,939만 원에 달한다.

나는 추가로 지머니Gmoney라는 가명으로 온라인에서 활동하는 NFT 전문가의 도움으로 컴퓨터 프로그래밍을 통해 각 요소를 독창적으로 조합하는 방식인 '제너러티브 아트Generative Art' 사례인 '크로미 스퀴글Chromie Squiggle'에 주목하게 되었다. 이 전문가와의 상담 시간에 기꺼이 1,000달러한화 약 121만 원를 지불했다. 내가 1,560유로한화 약 209만 원에 해

당하는 가격에 구입한 3개의 '크로미 스쿼글'은 현재 116,000유로한화 약
1억 5,610만 원의 가치가 있다. 결과적으로 상담 시간과 상담료에 헤아리기
힘든 가치가 있었던 셈이다. 또한 이 전문가는 무척 흥미로운 예술가
저스틴 애버사노Justin Aversano와 그의 NFT 사진 프로젝트 '트윈 플레임
Twin Flames'에 대해서도 알려주었다. 그렇지만 나는 주저했고, 당시 1이더
이하로 그 쌍둥이 초상화 중 하나를 얻을 수 있었을 때지만 뛰어들지
않았다. 나중에, 완전히 FOMOfear of missing out, 즉 무언가를 놓치는 것에 대한 두
려움에 사로잡힌 나는 패닉 상태에서 구매 행렬에 승선해 결국 사진 예
술 작품 하나를 구매했다. 당시 가격은 만족할만한 12이더, 즉 당시 이
더 가격으로 거의 20,000유로한화 약 2,689만 원에 달했다. 지금은 190이더

미만^{현재 약 760,000유로, 한화 약 10억 1,057만 원}으로는 '트윈 플레임 ^{12페이지 이미지}' NFT를 구입할 수 없다.

NFT가 인터넷과 같은 이유 : 사라지지 않는다!

그밖에도 나는 관심이 가고 내가 세운 상품 기준에 맞는 작품을 계속해서 구매했다. 작품 구매는 때로는 싸게, 때로는 엄청난 가격으로 이루어졌고, 드물지만 훨씬 싼 경우도 있었다. 6개월 동안 대략 300,000유로^{한화 약 4억 337만 원}를 크립토 아트^{crypto art}에 투자했다. 나는 현재 판매 가격과 현재 이더리움 환율을 기준으로 400만 유로^{한화 약 53억 7,836만 원} 이상의 가치가 있는 컬렉션을 소유하고 있다. 당신이 이 책을 손에 들고 있을 때쯤이면 분명 그 가치는 이미 변했을 것이다. 가치가 더 급격하게 증가했을 수도 있고, 붕괴되었을 수도 있다. 그러나 장기적으로는 잠재적 하락 이후에도 시장은 다시 안정될 것이며, 일부 투자는 가치를 유지하고 심지어 상승할 것이라고 확신한다. 왜냐하면 NFT는 내가 지금까지 당신에게 소개한 몇 가지 프로젝트보다 훨씬 더 많고, 훨씬 더 많은 프로젝트를 할 수 있기 때문이다. 여기에는 다양한 아트 프로젝트부터 트레이딩 카드^{ㅣ예시ㅣ소레어(Sorare) : 디지털 플레이어 카드로 가상 팀을 사고 팔고 거래하고 관리하는 축구 판타지 게임}, 게임에서의 NFT 사용^{플레이 투 언}

세대 게임, 마케팅 캠페인 및 콘서트 티켓에 이르기까지 다양하다. 당신이 좋아하는 미래의 아티스트 온라인 티켓은 99%의 저작권료가 프로그래밍되어 있어 티켓 판매 시 자동으로 블록체인을 통해 주최자에게 전달될 수 있는 위조 방지 NFT일 수 있다. 이것은 하룻밤 사이에 티켓 암시장을 재미없게 만들어 버릴 것이다. 이것이 NFT의 또 다른 이점이다. 앞서 언급한 바와 같이 2차 판매 수수료를 프로그래밍할 수 있는 디지털 '스마트 계약'으로 모든 후속 거래에 첫 번째 판매자 혹은 제작자가 자동으로 포함된다. 디지털 아티스트가 이에 따라 자신의 작품을 게재하게 될 경우 이런 식으로 갑자기 자신의 작품 가치 상승에 2, 5, 10% 또는 그 이상에 관여하게 되는 것이다. 반 고흐는 이것을 꿈꾸는 데 그칠 수밖에 없었고, 오늘날까지 아날로그 예술 세계에서 수익성 있는 작품 재판매는 주인 없이 즉, 예술가 없이 이루어진다.

여기서 가까이 그려볼 수 있는 미래는 NFT와 디파이 시장의 합병, 즉 '분권화된 금융 서비스' 공간이다. 이 두 가지는 돈을 빌려주는 등의 일반적으로 은행에서 이루어지는 금융 서비스 방식의 새로운 형태이다. 단, 이러한 서비스가 (은행 없이)순수하게 블록체인에서 산술 연산을 통해 인력 및 기타 비용 없이 분산된 방식으로 이뤄지는 것이다. 예를 들어 NFT를 대출을 위한 담보로 예치하는 것과 같이 NFT는 디지털 정품 인증서로써 새로운 가능성을 함축하고 있다. 또한 계약, 광고,

상품 물류 및 심지어 관리에서도 점점 더 중요한 역할을 할 것이다. 당신의 다음 신분증은 어떤 NFT일 수도 있고, 어쨌든 당신의 롤렉스 시계 정품 인증서, 소위 '서류'일 수도 있다. '치약은 이제 실제로 튜브 밖으로 나왔다.' 다시 말해 NFT는 더 이상 사라지지 않으며 예술 세계에서만 그치지 않는다.

NFT 분야, 하나의 세계 그 자체

모든 초보자에게 NFT는 마치 낯선 규칙으로 가득한 새로운 게임 세계와도 같다. 거기엔 당신이 아직 이해하지 못하는 약어들과 아직 평가할 수 없는 전문가, 완전히 이해하지 못할 수도 있는 기술적인 프로세스가 있다. 이 모든 것은 '아직'에 방점이 놓여 있다. 이 책은 당신에게 NFT 세계를 안내하는 가이드가 될 것이다.

- 나는 당신에게 블록체인부터 월렛까지 기본 용어를 설명하고 판매 플랫폼과 암호화폐 거래소를 소개할 것이다.
- 그리고 유로를 이더리움 또는 기타 암호화폐로 교환하는 방법과 NFT를 구매하기 위해 어디에 예치해야 하는지 설명할 것이다.
- 또한 투자자의 상상력을 자극할 수많은 사례를 들고 NFT의 현재 가

능한 용도에 대한 개요를 제공할 것이다.

- 나는 NFT 커뮤니티들의 비밀 언어 속으로 당신을 안내할 것이다. 거기서 당신은 "Jfc, TF floor 200 ETH, LFG!"와 같은 문장을 아무 문제 없이 이해할 수 있게 그리고 쓸 수 있게 될 것이다.
- 또한 당신에게 가장 중요한 디스코드, 트위터 계정, 전문가 및 아티스트에 대해 알려줄 것이다.
- 그런 다음 (당신이 만일 내 말을 완벽하게 이해한다면) 첫 번째 투자를 위한 단계별 지침을 찾을 수 있을 것이다.

◆은 암호화폐 이더리움의 상징이다. 이것만으로도 당신은 벌써 무언가를 배웠다. 나는 내 인생에서 NFT 분야에서만큼 많은 선물을 받은 적이 없다고 생각한다. 수십만 유로가 왔다 갔다 한다. 당신 또한 그렇게 되길 바란다.

- **주의사항** : 내 비디오 교습이나 멘토링과 달리 이 책은 구체적인 투자 조언을 제공하지 않는다. NFT 시장은 그러기에는 너무 변수가 많다. 불규칙하고, 불안정하고, 끊임없이 바뀐다. 그 시장이 흥미진진한 투자와 높은 수익 기회를 제공하더라도 여전히 위험하다.

당신이 이 책을 통해 얻는 것은 통찰과 작업 도구이다. 당신 스스로 결정하고 행동할 수 있다. 이때 나는 비판적인 질문을 서슴지 않을 것이다. 그 질문은 매일 내 자신에게 묻는 것이기도 하다. 질문과 답변은 대화 형식으로 표시된다. 아래와 같은 형식으로 말이다.

> 픽셀화 된 펑크 머리에 수백만 달러를 쓴다고? 거기에 대체 예술이랄 게 뭐가 있나? 잘 될 리가 없지!?

> 그 자체의 법칙이 있는 것은 축구의 우승컵뿐만 아니라 예술 시장도 마찬가지입니다! 예를 들어 보죠. 개념 미술가 온 가와라On Kawara는 1966년부터 '9JAN,1973' 패턴을 기반으로 2,000점 이상의 날짜 그림을 그렸습니다. 뉴욕의 구겐하임 미술관, 파리의 퐁피두센터 및 전 세계의 다른 많은 예술 사원에서 그 그림들을 볼 수 있죠.
> 그리고 NFT 세계에서 가치를 규정하는 것은 결코 예술이 아니라 오히려 그것이 보여주는 것, 예를 들어 어떤 클럽의 멤버십이라는 걸 항상 기억하세요. 친구가 값비싼 골프 클럽의 회원 카드를 보여준다면 당신은 그게 단지 형편없는 디자인의 플라스틱 카드라고 말하지는 않을 겁니다. 대체 왜 이 플라스틱 카드의 가격이 1년에 20,000유로한화 약 2,703만 원나 되는 걸까요?

어떤가, 좀 더 알고 싶은가? 그럼 시작해보자. 재미있고 많은 걸 깨닫는 체험이 될 수 있기를 바란다!

CONTENTS

●

PART 01

NFT, 그게 뭐야? 대체불가능 토큰에 대한 간략한 설명

PART 02

진군하는 NFT 도처에 그들이 있다!

PART 03

NFT 예술로 거둔 수익 거품인가 아니면 미래 트렌드인가?

PART 04

NFT에 대한 투자 실제적으로 어떻게 작동할까?

PART 05

NFT 커뮤니티 그들의 비밀 언어와 게임 규칙

PART 06

NFT 사용설명서 위험 및 부작용

NFT, 그게 뭐야?

대체불가능 토큰에 대한 간략한 설명

디지털 아트 세계의 NFT 혁명과 NFT의 다양한 사용 가능성은 '블록체인'의 데이터 저장 덕분이다. 이 용어 뒤에는 해킹이 굉장히 어려운 디지털 시스템의 개념이 숨겨져 있다. 블록체인은 블록체인을 공동으로 '운영'하는 거대한 분산 컴퓨터 네트워크_{소위 '노드', 즉 이 네트워크 내의 매듭}를 통해 이를 방지한다. 단일 서버와 달리 이 네트워크는 해킹이 거의 불가능하다. 반면에 특별한 유형의 데이터 암호화는 블록체인을 보호한다. 블록체인이라는 개념은 이같이 쉽게 식별할 수 있는, '함께 연결된' 데이터 블록 사슬_{체인} 형태의 암호화에서 생겨난 것이다.

블록체인 정보 블록 및
암호화폐

블록은 대략 빈틈없이 암호화된 정보로 작성되고, 이를 통해 모든 거래가 기록되는 디지털 현금 장부의 한 페이지로 생각할 수 있다. 각 블록은 한 블록의 끝 그리고 다음 블록의 시작 부분에서 숫자와 문자 조합의 반복을 통해 이전 블록에 연결된다. 네트워크 시스템 내에서 단일 컴퓨터 또는 노드에 대한 해커의 공격은 다른 네트워크 노드에서 즉시 감지된다. 개별 블록은 인접 블록들과 연계되어 있기에 조작될 수 없고, 새로운 블록을 추가하려면 복잡한 산술 연산이 필요하다. 그렇게 하려면 복잡한 암호 퍼즐을 풀어야 한다. 비트코인 블록체인의 경우 성공하면 (현재까지 가장 잘 알려진)암호화폐인 비트코인을 얻게 된다. 블록체인의 정보는 나중에 삭제하거나 덮어쓸 수 없다. 결과적으로 모든 프로세스가 지속적으로 문서화되고 투명하게 추적 가능하다. 또한 구매와 판매 기록 등 모든 것이 확인 가능하다. 이 점들이 이 시스템을 매우 안전하게 만든다. 그래서 비트코인이나 이더와 같은 암호화폐는 블록체인에서 디지털 형태로만 존재한다. 성공적인 산술 연산을 통한 비트코인 생성을 '채굴'이라고 한다. '광부'의 컴퓨터는 암호 연산 작업을 해결하기 위해 상당한 양의 에너지를 소비하기 때문에 비트코인은 계속해서 비판받고 있다.

블록체인의 시작과 이더리움

비트코인 블록체인의 첫 번째 블록은 2009년 1월 3일에 생성되었다. 비트코인의 개발자이자 오늘날까지 정체가 밝혀지지 않은, 사토시 나카모토Satoshi Nakamoto라는 별명을 가진 천재 프로그래머는 백서에서 MITMassachusetts Institute of Technology에서 구현된 원리를 설명했다. 나카모토의 정체는 그룹일 수도, 여성일 수도 있다. 아는 사람은 아무도 없다.

복잡한 산술 연산을 통한 비트코인의 채굴을 '작업 증명Proof of Work'이라고 하며, 이것은 실제로 '작업 완료 인증'으로 번역할 수 있다. 에너지 과잉 소비로 인해 현재 다른 형태의 인증이 모색되고 있다. 암호화폐 이더가 있는 이더리움 블록체인에서 인증은 장래에 '지분 증명Proof of Stake'을 통해 수행될 것이다. 즉, 소유권 증명을 말한다. 그러니까 이더리움 블록체인에 이더를 입금하는 사람은 누구나 무작위로 새로운 블록을 체인에 추가할 수 있는 권리를 얻을 수 있다. 그리고 그에 대한 보상으로 더 많은 이더를 받는다. 이더가 현재 비트코인과 치열하게 경쟁할 수 있는 것은 이더리움 블록체인에서 고전적인 금융 서비스 프로그램이나 NFT 등의 디지털 소유권 증명과 같은 더 많은 기능이 가능하다는 사실 때문이다. 따라서 NFT 거래가 지금까지 거의 독점적으로 이더를 통해, 그리고 이더리움 블록체인을 기반으로 이루어진 것은 우연이 아니다.

디지털 화폐의
가치

사람들은 종종 암호 화폐의 가치에 대해 묻는다. 다른 통화와 마찬가지로 비트코인이나 이더도 이를 소유하고 사용하는 사람들의 신뢰를 바탕으로 한다. 비트코인에 대한 신뢰는 시스템이 해킹된 적이 없고, 발명된 이후 스위스 시계처럼 안정적으로 실행되고 있다는 사실에 의해 정당화되고 있다.

은행이나 정부 기관은 액세스할 수 없지만 비트코인 또는 이더를 보유한 사람은 전 세계 어디에서나 암호화폐에 액세스할 수 있다. 비트코인 계정디지털 지갑 혹은 월렛은 단순히 제3자가 차단할 수 없다.

작은 제한 사항이 있다면 인터넷이 있는 곳에서만 암호화폐에 액세스할 수 있다는 점이었지만, 이제 에베레스트 산에서도 심지어 5G 품질로 인터넷에 접속할 수 있게 됐다.

국가 통제가 없다고? 그렇다면 암호 화폐는 범죄자와 테러리스트에게 이상적인 통화 아닌가?!

분석 포털 <Chainalysis>에 따르면 2020년에 모든 암호화 거래의 0.34%가 불법 채널로 유입되었습니다. 그렇다면 과연 모든 달러 또는 유로 거래가 어두운 목적으로 사용되었을까요? 그렇지 않다는 겁니다. 이해가 가지 않는다고요? 일부가 교통 규칙을 준수하지 않는다는 이유로 우리가 차를 없애진 않지요. 그와 같습니다.

디지털 화폐가 어느 정도 자리를 잡았는지는 얼마나 확산됐는지 보면 알 수 있다. 2021년 10월 기준으로 전 세계에는 6,690개의 다양한 암호화폐가 존재한다. 이 암호화폐들이 은행이나 보험 회사와 같은 기관 없이 네트워크에서 순전히 산술 연산을 통해 실행되는 분산형 금융 서비스, 줄여서 디파이의 핵심이다. 이것은 많은 이점이 있지만 사용자가 액세스 키_{일종의 비밀번호}를 잃어버리면 역효과를 낼 수도 있다.

대표적인 사례는 프로그래머 스테판 토마스Stefan Thomas가 비트코인 계정의 비밀번호를 잃어버려 유로화로 환산하면 수억에 달하는 금액을 받을 수 없게 된 일이 있다. 이건 그 혼자만의 일이 아니다. 수십억 달러의 암호화폐가 이런 식으로 영원히 손실된다고 한다.

교환수단에서 투자수단으로

암호 화폐는 원래 결제 수단으로 여겨졌으나 이제는 투기적인 투자로 발전했다. 이더 혹은 비트코인 시세는 가파른 상승세를 보이는 험난한 고산 풍경과 비슷하다. 이 글을 쓰는 시점2021년 11월 2일인 현재 이더는 약 3,700유로한화 약 499만 원에 거래되고 있다. 2015년 11월 2일에 그것은 90센트한화 약 1100원가 조금 안 되는 가격에 살 수 있었다. 90유로한화약 12만 원가 아니라 무려 90센트에! 불과 1년 전만 해도 이더는 아직 329유로한화 약 44만 원였다. 그러나 현재 비트코인은 50,000유로한화 약 6,757만원를 상회한다. 2013년에는 90유로 미만이었다.

지금까지 이더 환율은 수많은 응용 가능성으로 인해 긍정적으로 발전했다. 그러나 이더리움 블록체인에 고정된 프로그램이 더 많고 다양할수록 컴퓨터 프로그래머가 어느 날 실수를 저질러 해커에게 허점을 열어줄 위험이 더 커지는 것도 사실이다. 그리고 기존 은행과 달리 블록체인에는 최대 100,000유로한화 약 1억 3,515만 원까지 적용되는 예금 보호 기능이 없다.

따라서 내가 이제 소개할 NFT는 이중적인 의미에서 투기적이며 따라서 고위험 투자이다. 우선, 예술 작품의 가격은 (휘발성이 강한)예술 시장의 수요에 의해 결정되기 때문에 극도로 변동이 심하다. (심지어 0으로 변할 수도 있다.) 감정과 주관적인 평가에도 영향을 받는 주식 시장과 달리 예술 분야에서는 매출 수치, 신新시장 개척 또는 유망한 신제품과 같은 '객관적' 데이터가 평가에 포함되지 않는다. 하지만 여기에도 물론 경험 법칙은 있다. 이 책에서 그걸 당신에게 전달할 것이다.

동시에 작업에 대한 대가를 받는 암호화폐대부분 이더의 비율도 변동된다. 작품 평가와 이더 환율이라는 두 요소는 서로 영향을 미칠 수 있다. 예를 들어, 이더 시세가 오른 후 아티스트가 갑자기 많은 수의 NFT를 판매하면 개별 작품의 가격이 하락한다. 수많은 암호 화폐의 현재 시세와 발매 이후 시세 변동 사항은 코인마켓캡Coin Market Cap 사이트에서 온라인으로 매일 실시간 확인할 수 있다. 그리고 유로혹은 그외 다양한 국가의 화폐를 암호화폐로 교환하고 싶다면 이를 위한 다양한 온라인 거래소가 있으며, 이에 대해서는 나중에 소개하겠다.

NFT의
디지털 소유권 증명서 역할

블록체인의 모든 거래는 공개적으로 볼 수 있다. 이는 오픈씨OpenSea 와 같은 관련 시장에서 추적할 수 있는 NFT의 구매 및 판매에도 적용된다. 이것이 정확히 어떤 것인지는 4장에서 설명할 것이다. 이와 함께 우리는 원래 우리의 주제를 다룰 수 있을 것이다. 이미 언급했듯이 NFT의 약어는 '대체불가능 토큰Non-Fungible Token', 즉 '대체할 수 없는교환할 수 없는' 경제재를 말한다.

예를 들어, 50유로화화 약 6만 원 지폐는 10유로화화 약 1만 원 지폐 다섯 장 또는 5유로화화 약 6천 원 지폐 10장으로 쉽게 교환할 수 있으므로 대체할 수 있지만, 모든 형태의 유일물Unikat은 대체할 수 없다. 하나의 집을 단순히 다른 하나의 집과, 피카소를 모네 두 사람과 교환할 수는 없는 것이 그러하다. 여기서 주목해야할 점은 블록체인에서 위조 방지 디지털 소유권 인증서 역할을 하는 NFT는 고유한 디지털 항목을 가능하게 한다는 점이다. 이것은 디지털 아트의 핵심 문제를 해결해준다. 왜냐하면 인터넷에서 끝없이 다운로드, 복사 및 배포할 수 있는 작품 l예시 l 이미지, 사진, 비디오을 보호하고 가치를 부여하기 때문이다.

디지털 소유권 증서 역할을 하는 NFT만이 원본이 무엇이며 누가 그것을 소유하고 있는지에 대해 의혹을 남기지 않는다. 물론 내 디지털 컬렉션에 있는 예술 작품의 스크린샷을 찍어 거실 소파에 걸어두는 것을 막는 사람은 아무도 없다. 그럼에도 불구하고 실제 소유자예: 나가 NFT를 통해 블록체인에 명확하게 표시된다. 덧붙이자면, NFT 판매 플랫폼 오픈씨의 두 개의 지갑에서 내 컬렉션을 찾을 수 있다. 월렛 하나는 '바렌힘쎌프Warrenhimself', 다른 하나는 '바렌볼트Warrenvault'라는 이름을 갖고 있다.

> 저작물이 웹에서 계속 사용 가능하고 여러 번 다운로드할 수 있다면 그 작품의 NFT를 소유하는 것이 무슨 의미가 있나?

여담이지만, '우 클릭 후, 다른 이름으로 저장'은 NFT 분야에서 회자되는 말로, 마우스 오른쪽을 클릭한 뒤 '다른 이름으로 저장'을 사용하여 자신의 컴퓨터에 저장할 수 있는 디지털 이미지를 사는 것이 정신 나간 짓이라고 생각하는 사람들을 조롱하는 데 사용되고 있습니다. NFT의 주요 아티스트 중 하나인 엑스카피XCOPY는 심지어 그의 가장 유명한 이미지 중 하나인, 'Right-click and save as guy'라는 제목의 전형적인 엑스카피 스타일의 '초상화'에 그런 명칭을 붙이기도 했죠. 작품이 9개월 전 마지막으로 팔렸을 때 가격은 99이더였지만, 지금 은 그 몇 배의 가치가 있습니다.

모든 파일이
NFT가 될 수 있다

원칙적으로 이미지, 그래픽, 사진, 비디오 및 오디오 파일, 텍스트, 3D 모델과 같은 모든 디지털 파일을 NFT로 변환할 수 있다. 특별한 사연이 있는 콘텐츠는 대개 높은 가격을 받는다. 예를 들어보자.

▸ 2006년 3월 21일 트위터 설립자 잭 도시의 첫 트윗 "I'm setup my Twitr"는 2021년 3월 경매에서 290만 달러한화 약 35억 871만 원에 팔렸다.

▸ 고양이가 무지개를 따라가는 모습을 픽셀화한 그림으로 잘 알려진 '냥캣Nyan Cat'은 2011년부터 온라인에서 큰 인기를 끌었으며 전 세계적으로 계속해서 퍼져나가고 있다. 2021년에 이 작품은 구매자에게 300이더당시 시세로 약 60만 달러에 팔렸다.

▸ '재난의 소녀Disaster Girl'라는 제목으로 인터넷에 떠도는 사진은 최소 340,000유로한화 약 4억 5,978만 원를 가져다주었다. 이 사진은 불이 난 집을 배경으로 4살짜리 소녀가 카메라를 향해 해맑게 웃고 있는 모

습을 보여준다. 15년 넘게 지금까지 어딘가에서 재난이 발생할 때마다 이 사진은 일종의 밈meme으로써 인터넷에 반복적으로 게시되고 있다.

이 사례에서 읽을 수 있는 것은 작품뿐만 아니라 그것의 유명세, 그리고 마지막으로 중요한 것은 비하인드스토리가 디지털 아트의 가치를 결정한다는 것이다. 어쩌면 크립토펑크는 그것이 최초의 NFT 프로필 사진 시리즈가 아니었다면 그만한 가치는 없었을 것이다. 그리고 3,000픽셀의 '이상한 고래들Weird Whales' 이미지 뒤에 벤야민 아메드Benyamin Ahmed라는 12살의 프로그래머가 없었다면 그처럼 각광받지 못했을 것이다. 2021년 8월 벤야민은 이미지 판매 및 재판매 시 받을 수 있는 2.5%의 지분을 더해 300,000유로화화 약 4억 568만 원 상당의 수익을 올렸다. 현명하게도 그는 이 돈을 "당분간 이더로 보유"할 계획이라고 밝혔다. 게다가 그는 "언젠가 내가 제프 베이조스Jeff Bezos나 엘런 머스크Elon Musk만큼 성공"하길 바라고 있다고도 말했다. 그가 언젠가 실제로 성공한다면 고래들 가치가 얼마나 오를지 상상하기조차 힘들다. 재미있는 사실은 비플은 자신이 이더로 지불 받은 6,900만 유로화화 약 933억 원 판매액 상당 부분을 달러로 전환했다는 사실이다. 이 때문에 이더리움 시세가 가파르게 상승할 때면 커뮤니티에서 늘 유쾌한 조롱의 대상이 되고 있다.

NFT는
왜 그렇게 혁명적일까?

NFT가 혁명적인 이유는 그것이 복사 및 다운로드 가능성이 있는 디지털 아트 세계에서 갑자기 소유권을 주장하는 유일물_{또는 전통 예술에} _{서와 같이 한정되고 일련번호가 매겨진 판본}을 허용하기 때문이다. 희소성은 일반적으로 대상의 가치를 높이고 유일성은 그 가치를 치솟게 만든다. 이것은 한정판 디자이너 핸드백이나 특히 희귀한 운동화와 마찬가지로 예술에서도 다르지 않다. 만약 다빈치가 평생 동안 모나리자를 반복적으로 그리는 것 외에는 아무 것도 하지 않았고, 세상에 수백 장의 모나리자 그림이 있다고 치자. 그렇다면 그림 한 점을 사는 데 드는 돈은 루브르 박물관에 전시된 모호한 미소를 짓고 있는 유일한 초상화에 지불해야하는 상상을 초월하는 거액보다는 적을 것이다.

또한 예술 세계의 또 다른 문제가 NFT에 의해서 해결된다. '기원' 또는 '출처'의 문제가 그것이다. 전문가들은 전체 예술 작품의 약 40%가 가짜라고 추정한다. 이 위조품들은 박물관에 걸려 있다가 유명한 경매소에서 가치를 올린 다음 안전하게 보호된 개인 소장품들 속에서 부유한 구매자들을 기쁘게 한다. 수많은 전문가들이 적외선, X선, 색상 분석 및 기타 방법을 사용하여 (성공 여부와 무관하게)위조품을 추적한다. 실제로 레오나르도 다빈치의 작품 일부는 아직도 이 거장이 그걸 직접 그렸는지 여부를 두고 논쟁을 벌이고 있다. 만약 다빈치가 자신의 작품을 NFT에 연결하고 디지털 방식으로 출판했다면, 우리는 그런 걱정은 하지 않아도 될 것이다. 그 모나리자 그림에서 한 가지는 확실하다. 그것은 진짜라는 것. 더욱이 예술 세계에서 스토리는 크립토펑크 등장 이후뿐만 아니라 항상 중요한 역할을 해왔다는 것을 보여준다. 오늘날까지도 사람들은 그 그림 속 아름다운 여인이 과연 누구인지 수수께끼를 풀려고 골머리를 싸매고 있다. 궁극적으로 이 그림은 강도의 총을 통해 세계적으로 유명해졌다. '모나리자'는 1911년 루브르 박물관에서 사라졌고 피카소까지도 이 절도에 연루된 것으로 의심을 받았다.

세 번째 측면에서도 NFT는 미술 시장을 뒤집고 있다. 일반적으로 예술가는 자신을 알리고 작품을 판매하는 중개자박물관, 갤러리 소유주, 미술상에 의존하고 있다. 반면 NFT는 제3자에게 상당한 수수료를 지불할 필요 없이 저작자 스스로 온라인으로 쉽게 판매할 수 있다. 아티스트는 작품의 재판매에 참여할 수도 있다. NFT는 모든 판매 시 구매 가격의 일정 비율이 자동으로 제작자에게 전자적으로 전달되도록 프로그래밍할 수 있기 때문이다. NFT는 단지 정적인 디지털 행위가 아닌 것이다. 'if-라면 → then 그러면'패턴x가 발생하면 y의 결과가 도출을 기반으로 하는 스마트 계약으로 NFT가 재판매되는 플랫폼에서 자동 재판매 참여와 같은 추가 기능을 설정할 수 있다. 이 같은 추가 기능은 게임, 마케팅, 금융 및 보험 서비스, 티켓팅 등과 같은 다른 영역에서 NFT의 잠재적 활용 가능성을 확장시킨다. 예를 들어 NFT는 컴퓨터 게임의 특정 개체에 특별한 마법의 힘을 줄 수 있다. 이미지 작품에 대해 NFT는 독점적인 이벤트 티켓으로도 사용할 수 있다. 이것은 게리 바이너척이 자신이 주최한 비콘VeeCon 이벤트 티켓으로 사용한 '비프렌즈VeeFriends'의 경우에서 보는 것처럼 오늘날 이미 진행되고 있다. NFT는 소유자에게 잠금 해제가 가능한 추가 콘텐츠이미지, 영화 클립, 웹사이트, 게임에 개인적인 액세스 권한을 부여할 수 있으며, 이를 영어로 'unlockable content 잠금해제 콘텐츠'라고 한다. 가능성은 풍부하다. 다음 장에서 그에 대해 얘기할 것이다. 이 같은 매력적인 '유틸리티' 때문에 이 시장이 문자 그대로 폭발하게 된 것이다. 2020년 상반기 NFT의 총 매출은 1,370만 달러한화 약 167억 원였으나 1년 후인 2021년 상반기에는 25억 달러한화 약 3조 650억 원로 거의 200배에 달하는 매출을 기록했다. 말했다시피 NFT는 우리 삶에 빠르게 침투하고 있다. NFT는 생겨났고 계속해서 남을 것이다.

진군하는
NFT

도처에 그들이 있다!

NFT에 대해서는 여전히 의견이 분분하다. 2021년 8월 〈프랑크푸르터 알게마이네 차이퉁〉 신문은 "흥미로운 투자인가 어리석음인가?"라고 물으며, NFT가 곧 터질 거품이 '확실'하다는 기존 은행 전문가의 말을 인용했다. 과대광고, 거품, 어리석음 같은 판단은 종종 듣는다. 그러나 나는 미래가 NFT에 달려 있으며 은행 전문가가 자신의 발언을 오랫동안 후회할 것이라고 확신한다. 전문가들은 종종 근본적으로 잘못된 예측을 내놓았다. 자동차의 선구자인 고틀립 빌헬름 다임러Gottlieb Wilhelm Daimler는 "자동차에 대한 전 세계 수요가 100만 명을 넘지 않을 것"이라고 예측했다. IBM의 사장인 토마스 왓슨Thomas Watson은 "세계 컴퓨터 시장은 모두 합쳐봐야 5대쯤 될 것I think there is a world market for maybe five computers."이라 가정했다.

NFT는 디지털 아트 분야의 사례에서 볼 수 있듯이 실제 문제를 해결하고 실질적인 이점을 제공한다. 혜택을 제공하는 제품에는 일반적으로 미래가 있다. 이 혜택은 이 장에서 보여주고자 하는 것처럼 예술계에만 국한되지 않는다. NFT는 이미 도처에 있으며 우리 삶의 더 많은 영역을 차지할 것이다. 내일, 늦어도 모레는 오늘날의 인터넷, 이메일, 스마트폰처럼 많은 사람들에게 일상적인 일이 될 것이다. 그리고 NFT가 일반적이 될수록, 그들은 더 많은 투자를 할 것이다.

10억 달러 규모의 비즈니스
: 게이머를 위한 NFT

2020년 독일 게임 산업의 매출은 약 85억 유로화화 약 11조 4,946억 원에 달한다. 이 중 약 23억 유로화화 약 3조 1,103억 원는 소위 게임 내 구매, 즉 개별 액세서리│예시│의상 또는 게임의 추가 기능이다. 업계 포털 '게임즈 비르트샤프트Gameswirtschaft'는 독일의 이 액세서리 시장이 머지않아 분 데스리가 1부38억 매출보다 더 많은 매출을 창출할 수 있을 것으로 예상 하고 있다. '월드 오브 워크래프트' 팬이든 '콜 오브 듀티' 팬이든 상관 없이 게이머는 디지털 세계와의 접촉에 대한 두려움이 거의 없다. 그들 은 이미 암호화폐에 익숙해져 있다.

전 세계적으로 약 30억 명의 열성적인 게이머, 달리 말해 NFT 사용 을 위해 만들어진 거대한 시장이 있다고 본다. 예를 들어 의류, 도구, 속 성, 능력 등의 항목이 게임에서 NFT로 프로그래밍 된 경우 플레이어 는 실제 생활에서 이를 소유, 수집 및 재판매할 수 있다. 이것은 그들이 이런 물건을 샀던 특정 게임의 세계 밖에서도 적용된다. 이것은 디지털 상품을 지속 가능하게 만듦으로써 게임 분야의 주요 문제를 해결해 준다. 만약 중세 기사 무장이 NFT로 되어 있어 그것을 다른 게임에서도 쓸 수 있다면 그 게임회사가 망하든 말든 이용자들에겐 상관이 없다. 월간 활성 플레이어가 약 1억 2,600만 명에 달하는 '마인크래프트'를 비롯한 많은 게임에서 이미 이를 허용하고 있다. 게임 내 마켓플레이스에서 게임 툴은 때로 십만 단위 횟수로 소유자가 바뀐다.

NFT와 함께 새롭게 나타난 유형의 게임들

또한 NFT는 수집가나 다른 플레이어에게 게임 내에서 캡처 또는 발견된 NFT 아이템을 판매하거나 암호화폐를 획득하여 돈을 벌 수 있는 기회를 제공한다. 이것을 '플레이 투 언Play to earn, P2E'이라고 한다. 특히 여기에 적합한 '크립토키티CryptoKitties, 2017' 또는 '엑시인피니티Axie Infinity, 2018'가 현재 가장 잘 알려진 블록체인 컴퓨터 게임이며, 온라인 포커 게임에서도 NFT로 즐겁게 플레이가 가능하다. 일부 사람들은 이런 식으로 생계를 꾸리기도 한다.

소장품 게임인 크립토키티에서 플레이어는 자신이 소유한 디지털 고양이를 다른 고양이와 교배하여 새로운 고양이를 만들 수 있다. 고양이의 가치는 세대를 거듭할수록 감소한다. 1세대 동물들은 희귀하기 때문에 특히 가치가 있어 2021년 봄에 호가가 최대 100만 달러한화 약 12억 950만 원까지 올랐다. 교배로 인해 발생하는 특별한 특성은 고양이 가격을 상승시킬 수 있기에, 우시장에서 새끼를 낳는 소처럼 당연히 고양이 짝짓기 비용을 지불해야 한다. 게이머가 아닌 사람들에게는 이 모두가 정말 미친 소리처럼 들릴 수 있다. 그러나 이는 즉각적인 히트작이고, 심지어 경제지 <비르트샤프츠보헤Wirtschaftswoche>에서 보도할 정도로 가치가 있었다.

액시인피니티는 현재 가장 많이 플레이되는 블록체인 게임이며 2020년 '올해의 블록체인 게임'으로 선정되었다. NFT 형식의 복어와 유사한 가상 애완동물인 '액시들'은 게임에 통합된 시장을 통해 다른 플레이어에게 구매, 사육, 판매 또는 임대될 수 있다. 플레이어는 SLP라는 암호화폐를 얻기 위해 액시들을 서로 경쟁을 시킬 수도 있다. 이런 방식으로 수백만 달러의 매출을 달성할 수 있다. 필리핀과 같은 신흥 국가에서는 이제 '플레이 투 언'이 진지한 직업적 전망으로 간주되고 있는데, 이것은 2021년 10월 경제지 <한델스블라트Handelsblatt>의 '일하는 대신 놀기'라는 제목으로 헤드라인을 장식하기도 했다. 이 지점에서 나는 처음에 상당히 불안했다. 부유한 '서구인'이 값비싼 NFT를 임대하고 다른 사람들이 그들을 위해 일하게 하는 시스템은 나에게 윤리적으로 문제가 있어 보였다. 하지만 단 하나의 프로젝트가 나의 이 같은 생각을 순식간에 바꾸어버렸다.

탈중앙화 거버넌스의 등장

2021년 9월, '무료 플레이 투 언' 온라인 포커에 대해 처음 들었을 때 나는 무척 관심이 갔다. 나는 몇 달 동안 온라인 포커를 실컷 즐겼다. 때문에 이쪽 커뮤니티가 엄청나게 크다는 것을 알고 있었다. '디센트럴 게임즈Decentralgames'는 디센트럴랜드Decentraland라는 가상 세계에서 토지를 구입하고 거기에 카지노를 '설립'한 공급자다. 디센트럴게임즈는 하나의 DAO, 즉 '분권화된 자율 조직'이다. 공급업체에 전화하거나, 유지 관리 서비스에 전화하는 등 모든 것을 스스로 수행하는 자동화된 음료 자판기를 생각해보면 이해가 쉽다. 이것은 또한 자동으로 수익을 블록체인의 디지털 은행 계좌인 '월렛'으로 이체한다. 블록체인의 프로토콜은 이 자판기와 같다. 설치하면 모든 것이 자동으로 실행된다. 게이머는 토큰 소유자의 다수결을 거쳐 프로토콜을 제어하는 '관리' 토큰인 '거버넌스 토큰'을 통해 이렇게 프로그래밍된 프로젝트에 참여할 수 있다. 이런 식으로 이미 프로그래밍된 자동화 역시 변경, 즉 재프로그래밍할 수 있다. 따라서 모든 토큰 소유자가 공동 결정권을 갖는 것이다. 우리가 주식을 통해 회사에 투자하는 것과 마찬가지로 DG라는 암호 화폐를 구입하여 '디센트럴게임즈-DAO'에 참여할 수 있다. 말하자면 카지노의 주주가 되는 것이다.

디센트럴게임즈는 최근 500개의 NFT를 출시했다. 그들은 이러한

NFT를 '웨어러블Wearables', 즉 의상이라고 부른다. 그런 의상을 소유한 포커 플레이어는 매일 수천 개의 무료 포커 칩poker chip을 받고 플레이할 수 있으며 '4페어', '풀 하우스', '3회 승리' 또는 이와 유사한 소위 도전 과제도 수행할 수 있다.

이 같은 도전을 위한 암호화폐인 ICE 토큰도 있다. 이 토큰의 현재 시세는 0.15유로한화약 200원에 달한다. 이 플레이어는 돈을 잃을 수 없다. 칩이 다 떨어지면 그것은 그냥 사라져 버린다. 평균적으로 플레이어는 하루당 250~500개의 ICE 토큰, 즉 약 37.50~75유로한화약 5~10만원를 받는다. 만약 당신이 "나는 플레이어가 아닌데 포커 테이블에서 몇 시간 동안 도박을 하고 있네요."라고 말한다면 안심해도 된다. 그럴 필요가 없다. 디센트럴게임즈는 액시인피니티의 매우 성공적인 개념을 자체적으로 채택했는데, 그곳에서 액시를 사서 플레이어에게 대여할 수가 있는 것이다. 수입은 액시 소유자와 플레이어에게 자동으로 분배된다.

디센트럴게임즈의 'ICE포커Poker'도 마찬가지다. 나는 웨어러블 NFT의 소유자인데 그걸 다른 플레이어에게 맡기고 있다. 이 플레이어는 자신이 얻은 ICE 토큰의 70%를 갖고 나는 30%를 갖는다. 이는 '신뢰 없이', 다시 말해 다른 사람이 자신의 몫을 보장해 줄 것이라고 신뢰할 필요 없이 블록체인에서 완전히 자동으로 이뤄진다.

실제로 (나를 포함해)나의 멘토링 참여자 중 일부는 각각 370유로한화약 50만원에 웨어러블 NFT를 구입했다. 며칠 후 디지털 2차 유통 시장 가격은 개당 10,000유로화화 약 1,351만 원에 달했다. 현재는 정기적으로 6,000~7,000유로화화 약 810~946만 원 사이에 움직인다.

　이것은 이미 대단한 수익 일지도 모른다. 하지만 이에 더해 각 NFT로 얻을 수 있는 일일 수입은 그야말로 '꿀잼'이다. 현재 내 일일 수입은 NFT당 평균 15유로화화 약 2만 원이며 때로는 훨씬 더 많다. 매월 370유로를 투자하고 450유로화화 약 60만 원를 수익으로 번다. 만약 임대료를 통해 그런 수입을 얻으려면 뮌헨에 20만 유로화화 약 2억 7,024만 원를 주고 아파트를 사야 했을 것이다.

그게 가능한가? 공짜로 게임을 하고 그 대가로 돈도 받는다고? 그 카지노는 대체 어떻게 자금을 조달 하는 거야?

ICE 토큰은 디센트럴게임즈가 그냥 '무에서' 창출한 가상 화폐입니다. 그것은 실제로 비용이 전혀 들지 않습니다. 그러나 사람들은 5,000 ICE부터 시작하여 '의상'을 업그레이드하기 위해 기꺼이 돈을 지불할 준비가 되어 있습니다. 디지털 2차 유통 시장에서 의상을 구매한 경우에는 추가로 활성화 비용 0.5 DG 토큰이 필요합니다. 당연히 디센트럴게임즈 카지노에서는 '진짜' 돈을 가지고 룰렛 테이블이나 블랙잭을 하는 플레이어도 많습니다. 이 돈은 디센트럴게임즈 금고, 즉 DG 토큰 보유자 모두가 지분을 갖는 DAO의 금고로 들어갑니다.

그리고 지금 이 모든 것이 윤리적으로 정당화될 수 있는지 회의적이라면 내 플레이어 중 한 사람, 디스코드를 통해 내 의상 중 하나로 포커를 할 수 있는지 편지를 보낸 젊은 아르헨티나인에 대해 이야기해보겠다. 나는 내 NFT에 그의 월렛 주소를 등록했고, 이익 배분은 사전에 협의된 대로 7:3으로 나누었다. 결과적으로 이 학생은 전에 아르바이트로 일주일 동안 버는 것보다 하루에 더 많이 번다. 그는 음악 제작을 공부하고 있는데 지금은 포커 수입으로 학업 비용을 지불하고 스튜디오를 차리고 어머니를 부양하고 있다. 나로서 이것은 전혀 비난할 수 없는 다중 윈윈 상황처럼 느껴진다.

팬베이스에 직접 접촉한다
: 음악 및 영화 산업의 NFT

　예술 산업과 마찬가지로 NFT는 음악가가 청중과 직접 접촉하고 노래, 앨범, 콘서트 티켓 및 추가 '유틸리티 | 예시 | 독점 콘서트 또는 만남과 인사'를 마케팅할 수 있는 기회도 제공한다. 예를 들어, 록 밴드 킹스 오브 레온 Kings of Leon은 2021년 봄 앨범 특별판을 오픈씨 플랫폼에서 판매했다. 'NFT Yourself'라는 슬로건 아래 뮤지션들은 세 가지 버전을 제공했다. 가장 저렴한 에디션에는 앨범 다운로드 외에도 비닐 레코드와 특별 디지털 커버가 포함되어 있다. 좀 더 비싼 한정판에는 VIP 티켓과 콘서트 리무진 서비스가 포함되어 있다.

　NFT 음악 및 예술 프로젝트 '오일러비츠 Euler Beats'의 비즈니스 전략은 훨씬 더 정교하다. 오일러비츠는 함수의 대중화를 이끌었던 18세기의 유명 수학자 레온하르트 오일러 Leonhard Euler의 이름을 따 만든 것으로, 수학 함수를 기반으로 생성되었다. <Genesis LPs>라는 제목의 27곡으로 구성되어 있으며, 시각적으로 디지털 색상 코드가 있는 회전하는 비닐 디스크와 함께 제공된다. 각 음악은 원본 LP와 최대 1개의 프린트복사본로 구성되고, 지수적 가격 전개소위 '결합 곡선'가 프로그래밍 되어 있다. 각 후속 프린트는 이전 프린트보다 더 비싸다. 따라서 프린트 120은 프린트 1보다 훨씬 더 비싸다. 또한 모든 재판매에 10% 로열티가 프로그래밍되어 2%는 오일러 팀에, 8%는 원래의 LP 소유자에게 돌아간다. 그리고 마치 이 모든 것으로도 충분치 않다는 듯이 소유자는 언제든지 자신의 LP를 소각하고 '소각 펀드'에서 현재 판매 가격의 90%를 환불받을 수 있다. 이것은 때로 매우 유동적이지 않은 시장에서 즉각적인 유동성을 가능하게 한다. 우리는 (비록 잠재 구매자로 하여금 관리 가능한 위험이 있지만)쿨하고 특별해 보이는 프로젝트에 가능한 한 빨리 올라타도록 독려하는 극히 정교한 마케팅 전략가의 손길이 닿아 있다는 걸 당장 알 수 있다.

이 프로젝트가 잘 작동했기 때문에 프로젝트 팀은 즉시 후속 프로젝트 '에니그마Enigma' 준비에 착수했고 '제2 LP 면'을 위한 흥미로운 아이디어를 얻게 되었다. 만약 누군가 LP-번호의 양 면을 모두 소유한다면 이를 '스톡', 즉 프로토콜에 담보로 예금할 수 있고 이걸로 돈을 번다. 물론 언제나처럼 나는 지난 몇 달 동안 즉시 이걸 실행했고, 최근 몇 달 동안 그렇게 '수동적으로' 0.241이더그러니까 지금까지 대략 1,000유로에 달하는 돈를 벌은 셈이다.

더는 회사의 선택을 기다릴 필요가 없다

앨범 준비 자금 조달을 위한 크라우드 펀딩, 독점적인 노래 녹음, 비디오로 담긴 잊을 수 없는 콘서트 순간, 음악 작품 특별판, 중앙 1열 좌석이 보장되는 콘서트 티켓, 백스테이지 공간 또는 애프터쇼 파티 참석권 등. 음악가들은 앞으로 기획사나 음반사에 의존하지 않고 NFT를 통해 이 모든 것을 팬들에게 직접 제공할 수 있다. 동시에 이미지와 마찬가지로 추가 판매에 라이선스 비용을 프로그래밍 할 수 있다. 이렇게 하면 번거롭고 긴 수수료 수취 과정 없이 자동으로 돈이 제작자의 지갑으로 흘러 들어간다. 가사와 악보도 NFT로 업로드하고 이러한 방식으로 보호할 수 있다.

특히 독일 래퍼 쿨 사바스Kool Savas의 액션이 눈길을 끈다. 그는 자신의 노래 '킹 오브 랩King of Rap'의 원본 가사를 NFT로 디지털화했다. 그런 다음 원본을 불태우고 인스타그램의 비디오를 통해 커뮤니티와 공유했다. 그런 다음 이 NFT를 경매에 부쳤다. 한 투자자가 30,000유로한화 약 4,056만 원에 이걸 산 뒤, 24시간 후 이 NFT를 150,000유로한화 약 2억 283만 원에 재판매했다. 물론 쿨 사바스 역시 스마트 계약으로 돈을 벌었다.

NFT를 소유해야 볼 수 있는 영화와 시리즈들

음악가가 자신의 마케팅을 위해 개발한 모든 아이디어는 영화와 TV에도 적용할 수 있다. '스토너 캐츠Stoner Cats'는 해당 NFT를 구매한 사람만 볼 수 있는 미국 성인용 애니메이션 시리즈이다. 첫 번째 에피소드의 총 1개의 NFT는 2020년 7월, 35분 만에 0.35이더당시 700유로 미만의 가격에 매진되었다.

그때 가스Gas비가 혼란을 일으켰다. 가스 수수료는 채굴자가 블록체인에서 블록을 확인해야 하는 이더리움 네트워크의 거래 수수료를 말한다. 이러한 '작업 증명'의 기본적인 원리는 앞에서 설명한 바 있다.

그런데 종종 구매 거래와 같은 거래가 '처리'되지 않는 경우가 있다. 무슨 이유 때문일까? 가스비는 각 거래에 대해 수동으로 조정할 수 있다. 이것은 채굴자들을 위한 추가 팁이라고 생각하면 된다. 이제 메타마스크MetaMask에서 NFT를 구매할 때 이 팁최우선 순위 수수료을 높게 설정하면 동일한 NFT를 구매하려는 다른 사람보다 구매 프로세스에서 더 빨리 처리된다. 보다 낮은 가스비를 설정한 경우 트랜잭션 실패failed transaction의 형태로 손실을 보게 되는데, 이건 두 배로 고통스럽다. NFT를 못 받았음에도 발생한 가스비를 지불해야 하는 것이다.

아이구야! 스토너 캐츠에 대한 수요가 너무 높아 많은 사람들이 가스비를 계속 인상하는 바람에 구매자들이 이러한 거래 실패로 총

790,000달러한화 약 9억 5,550만 원의 손실을 입었다. 가스비 및 실패한 거래는 NFT 영역의 단점이다.

그럼에도 불구하고 이 시리즈는 컬트cult가 된다. 고양이 목소리 연기자에는 이더리움 블록체인의 발명가인 애쉬튼 커처Ashton Kutcher와 비탈릭 부테린Vitalik Buterin이 포함되어 있다. 시리즈가 진행됨에 따라 새로운 NFT가 발행된다. 하지만 우리가 볼 수 있는 건 당시 발행된 NFT가 소유하고 있는 방송편뿐이다. 짐작했겠지만 이것은 '오래된' NFT를 위한 번창하는 시장을 열게 되며, 비즈니스 펑크Business Punk 잡지에 따르면 그 중 일부는 4이더 이상을 호가한다. 이에 비하면 넷플릭스Netflix 구독은 엄청나게 저렴한 것이다. 그리고 스토너 캐츠를 통해 팬들은 시리즈의 진행 상황을 결정하는 데 도움을 줄 수도 있다. 이는 다른 프로덕션에서도 사용할 수 있는 기회다.

NFT를 구매해야만 볼 수 있는 영화라…, 그건 문외한들이나 관심을 가질만한 주제 아닌가? 진정한 영화 애호가를 위한 것이 아니라 가벼운 오락거리에 지나지 않잖아!

잘못 생각하셨어요! NFT는 이미 명백해지고 있습니다. 영화 산업에서도 점점 더 확산되고 있죠. 많은 방송사, 영화 스튜디오 및 제작사가 여기에 관심을 갖기 시작했습니다. 장편 영화를 NFT로 소비자에게 직접 판매하는 최초의 온라인 판매 플랫폼인 보엘레Vuele가 등장했죠. 최초의 오스카상 후보 영화인 <클로드 란즈만: 쇼아의 유령Claude Lanzmann: Spectres>은 이미 NFT로 판매되었습니다. 또 스타 감독인 쿠엔틴 타란티노Quentin Tarantino도 여기에 탑승하고 있습니다. 그는 오픈씨를 통해 자신의 컬트 영화 <펄프 픽션Pulp Ficiton>의 미공개 장면 7개를 경매에 올렸습니다. 아마도 줄거리와 관련된 답이 없는 몇 가지 질문과 손으로 쓴 원본 시나리오 페이지, 자신의 오디오 해설에 대해 설명하는 장면일 겁니다.

　미공개 영화 장면, 대본, 아이코닉 필름 오브제, 편집되지 않은 긴 버전디렉터스컷(감독판), 추가 콘텐츠, 독점 이벤트 등등, 영화의 경우에도 NFT가 사용되는 다양한 활용 옵션을 생각할 수 있다. 타란티노 감독의 경우, NFT를 통해 영화를 공개할 것인지 아니면 혼자 즐길 것인지 소유자가 스스로 선택할 수 있도록 프로그래밍 시킨 것으로 알려졌다. 어쩌면 이것도 가격 인상을 유발할 것이다. 다른 사람들이 이런 장면을 볼 수 있도록 하되 그 대가로 돈을 받는 방식으로, 구입한 NFT에 재융자하는 것도 흥미로운 비즈니스 모델이 될 것이다.

　영화 <펄프 픽션>의 검은색 서류 가방 속에서 신비롭게 황금빛으로 반짝이는 것이 무엇인지 마침내 알게 된다면 나는 그 즉시 돈을 지불할지도 모른다. 최초의 영화 애호가들이 독점적인 NFT 컬렉션을 구축하고 가치 상승을 희망하는 (그리고 아마도 상승을 보게 될)날은 그리 오래 걸리지 않을 것이다.

파니니 사진보다 훨씬 더 흥미진진하다
: 스포츠 분야의 NFT

많은 NFT 투자가 게임과 수집을 중심으로 이루어진다. 따라서 축구가 이 매체의 잠재력을 발견하는 것은 시간 문제였다. 프랑스에서 가장 가치 있는 스타트업인 소레어Sorare는 70, 80, 90년대 파니니 사진 스타일의 디지털 축구 트레이딩 카드에 게임 기능을 추가한 디지털 축구 카드 거래소이다. 2021년 당시 직원 30명이었던 신생 기업의 가치는 43억 달러한화 약 5조 2,008억 원로 평가됐다.

여기서 사람들은 잘 알려진 축구 선수와 덜 알려진 축구 선수의 NFT 카드를 구입할 수 있다. 이때 희소성이 교묘하게 사용된다. 가장 흔하고 저렴한 것은 수천 개 에디션의 노란색 카드이고, 축구 선수당 레드 카드는 100개, 블루 카드는 10개, 블랙 카드는 한 개만 있다. 2021년 봄에 검은색 호날두 카드는 245,000유로한화 약 3억 3,129만 원에 재판매되었다. 카드를 수집하고 거래하는 것은 비즈니스의 일부일 뿐이다. 소레어는 '글로벌 판타지 풋볼Global Fantasy Football'과 '나만의 게임Own Your Game'이라는 슬로건으로 자신을 광고한다. NFT 카드가 5장골키퍼 1명, 필드 플레이어 4명이면 대회에 팀으로 참가할 수 있다. 정말 흥미로운 사실은 실제 플레이어의 성공에 따라 소레어는 추가 트레이딩 카드 또는 현금 상품의 형태로 상금을 지급한다는 것이다. 이건 모든 축구팬의 꿈이 아닐까?

전 세계적으로 FC 바이에른 뮌헨과 바이어 04 레버쿠젠을 포함하여 이미 200개의 축구 클럽이 이 회사와 협력하고 있다. 실제 클럽은 로열 티를 받아 돈을 벌고 있고, 목표는 전 세계의 모든 주요 축구 리그와 계약하는 것이다. 덧붙이자면 내 유튜브 채널에서 소레어가 어떻게 작동하는지 상세하게 설명하는 비디오를 찾을 수 있다.

열광적인 스포츠팬들의 새로운 수집품

NFT가 스포츠에서 성공한 또 다른 예는 NBA '탑샷NBA Top Shots'으로, 농구에서 기억에 남는 순간을 수익화하는 것이다. 개발사인 캐나다 회사인 대퍼랩스Dapper Labs는 이걸로 스포츠팬들의 수집열에 승부를 건다. 팬들은 일반적인 것부터 희귀한 것, 전설적인 것까지 다양한 범위의 멋진 농구 장면을 담은 짧은 비디오에 대한 소유권 인증서를 구입할 수 있다. 또한 가격은 비디오의 일련번호에 영향을 받는다. 낮은 숫자가 높은 숫자보다 비싸지만 예외적으로 일련번호가 선수의 등번호와 일치하는 비디오는 특히 비싸다. 옛날 파니니 팩처럼 '개봉할 수 있는' 가상 수집 패키지인 '모멘트Moments'라는 카드팩을 구입할 수 있다. 팩 출시는 웹사이트https://nbatopshot.com을 통해 사전에 발표되지만 이메일과 회사의 디스코드 계정을 통해서도 발표된다. 탑샷 뒤에는 예를 들어, 기다리는 사람들에게 한정판 패키지가 제공되는 '팩드롭Packdrop' 앞에 가상 대기열을 세우는 등 팬들의 흥미를 높이기 위해 모든 것을 하는 게임 개발자가 있다.

팬의 기회가 얼마나 높은지는 부분적으로 그의 '컬렉터 점수Collector Score'에 달려 있다. 이미 많은 특히 희귀한 '모멘트'를 가진 사람은 공항 카운터에서와 같이 '우선' 대기열에 줄을 설 수 있거나 자기 앞에 아예 대기열이 없을 수도 있다. 스타터 팩은 저렴해서 9달러한화 약 1만 원에도 구입할 수 있다. 플로우FLOW 블록체인에서 생성되는 '플로우' 암호화폐로 결제하는 것 외에도 신용카드로 간편하게 결제할 수도 있다. 웹사이트에는 수집가가 탑샷을 사고 팔 수 있는 마켓플레이스가 통합되어 있다. 특히 탐나는 NFT들은 이미 수십만 달러에 주인이 바뀌었다. 마이클 조던 등 유명 농구선수와 윌 스미스 등 연예인 외에도 대퍼랩스의 투자자들은 다양한 투자 펀드를 보유하고 있다. 분명 모두가 동의하듯이 이것은 유망한 사업이다!

여기서 볼 수 있듯이 NFT는 스포츠팬이 자신의 우상과 친밀감을 느끼고 탐나는 수집품으로 자신의 위상을 높일 수 있는 새로운 기회를 열어준다. 예술 분야와 마찬가지로 스포츠 NFT 분야에도 트위터, 디스코드 및 블로그를 통해 스스로를 조직하고, 학교 운동장에서 사진을 교환할 때와 같은 공동체 의식을 형성하는 커뮤니티들이 있다. 예를 들어, 소시오스닷컴SOCIOS.COM 플랫폼은 클럽 이벤트에 독점적으로 참여하여 팬들을 유혹한다. 특정 축구팀의 팬 토큰을 구매하면 클럽 설문조사에 참여하고 티켓, 팬 굿즈, 채팅방 등 VIP 입장권을 받을 수 있다. 파리 생제르맹이나 AC 밀란 같은 유명 구단들이 여기에 참여하고 있다. 물론 소시오스닷컴에는 팬 토큰을 거래할 수 있는 시장도 있다. 여기서 결제는 암호화폐 칠리즈Chiliz로 이루어진다.

패션, 마케팅 등으로 확장 중
: 전통적인 비즈니스 영역의 NFT

게임, 음악, 팬 기사 등 NFT가 엔터테인먼트만 관심 있다는 인상을 받을 수 있지만 다른 사업 분야에도 진출한지 오래다. 데이터 보안 디지털 자산으로서 NFT는 예를 들어 특허 및 기타 지적 재산권을 보호하고 거래하는 데 이상적이다. IBM은 이런 목적을 위해 IPwe 플랫폼을 설립했는데, 여기서 IP는 지적 재산권을 의미한다. 자체 광고에 따르면 IPwe는 전 세계 50개국 이상에서 활동하고 있는데, 2018년부터 IBM의 블록체인과 협력해 왔으며 2021년에는 NFT 기반 특허 시장을 시작했다. NFT를 통해 원산지와 공급망을 문서화하고 지속적으로 업데이트할 수 있기 때문에 이 회사는 블록체인 기반 기술로 물류에서도 활발히 활동하고 있다. 여기서는 이 회사 이름 '푸드 트러스트', 즉 식품에 대한 신뢰가 기본 정책이다. IBM 자회사인 트레이드렌즈TradeLens는 컨테이너 물류에서 공급망의 원활한 추적을 제공한다. NFT 애플리케이션은 또한 의료·제약, 소비재 또는 자동차 산업과 같은 다른 부문에서 투명하고 안전한 물류를 보장할 수 있다.

원산지 증명으로서 NFT는 당연히 패션계, 특히 독점 브랜드에서도 관심을 끌고 있다. 또한 돌체앤가바나Dolce & Gabbana 같은 패션 디자이너는 이미 최고가를 입찰한 사람에게 경매하는 유일물로 가상 의복을 실험하고 있다. 이 가상의복은 때로는 실제 맞춤형 버전과 결합된다. 2021년 가을 D&G의 패션쇼에서 가상 수트인 '글래스 수트Glass Suit'는 약 100만 달러한화 약 12억 원를 벌어들였다. 구매자는 NFT 외에 수트를 맞춤 제작 받는다. 까칠한 사람들이라면 이제 이것이 실제 NFT 인증 의류인지 아니면 아날로그 보너스가 있는 디지털 예술 작품인지를 두고 논쟁할 수 있을 것이다. '글래스 수트'는 키치에 취약했던 18세기 궁정 재단사의 열렬한 꿈을 떠올리게 한다.

그 외에도 많은 패션 브랜드들이 컴퓨터 게임 제작자와 대화를 나누고 있다. 따라서 사람들은 곧 가상 세계에서도 좋아하는 브랜드를 착용하고 일급 디지털 의류를 뽐낼 수 있게 될 것이다. 3D 가상 세계 브라우저 기반 플랫폼 디센트럴랜드Decentraland에서는 이미 이런 일이 일어나고 있다. 사람들은 지금 벌써 누가 ICE포커 시리즈의 '캡틴스 해트-웨어러블Captain's Hat-Wearable'을 쓰고 있나 뒤돌아보고 있다. 최종적으로 그 중 100개밖에 남지 않았고, 그 중 일부는 '마이크 머니 멘토링' 커뮤니티의 회원들에게 돌아갔다.

전통 산업에서 NFT의 효용 가능성

게임 세계에서 가상 부동산을 사는 것은 오랫동안 가능했지만 조만간 부동산 판매가 NFT를 통해 처리될 수 있을지도 모른다.

미국 회사인 프로피Propy는 블록체인에서 스마트 계약을 사용하여 부동산 거래를 자동화하고 더 쉽고 더 빠르고 더 안전하게 만든다는 목표를 설정했다. NFT로 판매된 최초의 실제 주택은 기술 창업자인 마이클 애링턴Michael Arrington의 주택이었다. 부동산 매입에 관한 독일 규정과 어떻게 조화를 이룰 것인지는 명확히 밝혀져야 할 것이지만, 원칙적으로 공증인 계약과 토지대장 입력이 블록체인으로 자동 이전되는 일반적인 절차를 막는 것은 없다. 다른 영역에서도 변호사들은 기술 발전, 특히 암호화 자산 처리 시 지금까지 NFT를 규정하지 않는 저작권법, 암호화폐 거래 수익에 대한 세법 및 일반적으로 금융 시장법 분야에서의 기술 발전을 따라가야 할 것이다.

마케팅 전문가들도 스스로 NFT를 발견하고 있다. 이미 2019년에 나이키 사는 '크립토킥스CryptoKicks'에 대한 특허를 신청했다. 이 NFT는 판매 시 정품 인증서 역할을 할 뿐만 아니라 자신의 신발을 디자인하고 나이키 사에서 제조할 수 있는 기회를 제공할 수 있는 신발 NFT다. 게임 변형도 논의되고 있다. 크립토킥스 두 쌍은 크립토키티와 유사하게 서로 짝을 이룰 수 있으며 따라서 곱해질 수 있다. 이것은 마침내 모든 신발 애호가의 꿈, 즉 그들의 신발이 동화 같은 방식으로 밤새 매력적인 아이들을 낳는다는 꿈을 실현할 것이다.

다른 브랜드의 경우 마케팅 담당자가 비디오 게임을 위탁한다. 예를 들어, 루이 비통 사는 2021년 8월에 창립 200주년을 기념해 브랜드 마스코트 비비엔Vivienne이 회사 역사를 탐험하는 모바일 게임 '루이 더 게임Louis – the Game'을 출시했다. 게임 광고는 '가서 루이 비통 NFT를 사세요!!'라는 슬로건을 내걸고 있다. 한편, 버버리 사는 게임 개발사 미티컬 게임즈Mythical Games와 협력하여 '블랭코스 블록 파티Blankos Block Party'라는 게임을 통해 버버리 제품 NFT를 출시하고 있다. 다른 회사들은 광고와 자선을 결합한다. 예를 들어, 패스트푸드 체인 타코 벨Taco Bell은 라리블Rarible 플랫폼에서 25개의 NFT 예술 작품을 경매했으며, 30분 만에 매진되었다고 한다. 당연히 맥도날드도 이 빅 히트 아이템을 피할 수 없어 맥 립 NFTMc Rib-NFT를 꺼낸다. '당신의 NFT로 애플파이 하나 더?' 그리고 차민Charmin은 5가지 고유한 NFTPnon-fungible toilet paper. 대체 불가능 화장지. 즉, 유일물가 포함된 화장지를 광고했는데, 모두 500달러한화 약 60만 원에서 2,100달러한화 약 253만 원 사이의 가격으로 경매됐다. 수익금은 그룹에 푼돈에 지나지 않지만, 이벤트를 통해 유발된 언론의 주목도는 수십 배의 가치가 있었을 것이다.

얼마 남지 않았다, NFT가 어디에나 있을 날이

보다시피 NFT 세계에서 사람들은 아무것도 두려워하지 않는다. 머지않아 고객 충성도를 위해 기존 스탬프 카드의 디지털 등가물도 기대할 수 있다. 언젠가는 화장지 100개를 구입하면 은색 화장지 NFT를, 1,000개는 금색 NFT를, 10,000개를 사면 세계 오지 여행과 맞바꿀 수 있는 플래티넘 토큰을 받게 될 것이다.

그리고 문화 분야 다른 한 쪽 끝에서도 NFT가 이미 발견되었다. 한 가지 사례는 코로나바이러스로 타격을 입은 예산을 늘리기 위해 보유하고 있는 세계적으로 유명한 예술품의 NFT를 판매하는 주요 박물관의 조치다. 예를 들어, 플로렌스의 우피치 미술관은 마돈나와 어린 예수가 들어있는 미켈란젤로의 그림 '도니 돈도Doni Tondo'의 NFT를 발행해 140,000유로한화 약 1억 8,930만 원를 벌어들였다. 한 부유한 여성이 남편의 60번째 생일에 남편에게 선물했는데, 나로서는 남편이 이 그림 대신 실제 페라리를 살 계약금을 원하지는 않았기를 바란다.

또 세계 야생 동물 기금World Wildlife Fund도 NFT를 통해 기금을 모으기를 위해 2021년 가을에 '대체불가능 동물들Non-Fungible Animals'이라는 제목으로 NFT를 판매했다. 예를 들어 1,063부의 마운틴고릴라 디지털 예술 작품같이 위기에 처한 동물 종에 대한 다양한 예술가들의 작품 NFT 같은 것이다. 아직 생존해 있는 대체불가능 한 동물 각각에 대해 정확히 한 작품씩을 NFT로 만들었다. 지금 본 것처럼 NFT는 어디에나 있다. 몇 년 안에 우리는 아마도 그것이 '없는' 곳이 어딘지에 대해 더 관심을 갖게 될 것이다!

미래에 대한 전망
: 금융 및 기타 분야의 NFT

이 흥미로운 기술이 우리를 어디로 이끌 수 있을까? 이어서 나는 당신을 미래로의 짧은 여행으로 안내하고 현실적이고 어떤 경우에는 이미 실제적인 시나리오를 보여주고자 한다. 쿼바디스, NFT? 대체 어디로 가는 걸까?

전체 암호화 환경에서 가장 중요한 영역 중 하나는 디파이, 즉 분산 금융 서비스이다. 전통적인 금융 서비스에 대해서는 충분히 알고 있을 것이다. 예를 들어, 당신의 저축을 은행 계좌에 넣을 수 있다. 은행은 이 돈을 받아 돈을 빌리려는 다른 은행 고객에게 제공한다. 예를 들어 그가 마이너스 통장 등의 방법으로 이 거래를 받아들이는 경우 상당한 이자를 내야한다. 작은 감사의 표시로 당신의 은행에서는 요즘 더 큰 마이너스 예금에 대해 벌금 이자를 지불하도록 친절하게 요청한다. 그런 다음 동정적으로 '보관 수수료' 또는 '마이너스 이자'라고 한다. 은행은 당신의 돈으로 그들의 금융 서비스 중 하나를 제공할 수 있다는 점을 명심하자. 하지만 나는 은행을 이해할 수 있다. 그 같은 금융회사는 직원, 사옥, 서버실, 매점 등 비용이 많이 든다. 이 지점에서 탈중앙화된 금융 서비스 제공업체가 등장하는 것이다. 그들에게는 이 모든 것이 없다. 여기서 몇몇 사람이 스마트 계약을 통해 블록체인에 프로토콜을 설정하고, 프로그래밍이 완료되면 프로토콜이 실행된다. 밤낮도 없고, 회사 건물도 없고, 매점도 없고, 직원도 극소수에 불과하고, 서버실도 없다. 모든 것이 분산되어 있고, 전 세계적으로 많은 컴퓨터가 블록체인에서 계산하기 때문에 이 '부하負荷'는 많은 도우미들컴퓨터의 손에 분산되고 또한 보안도 향상된다. 하지만 비밀번호를 잊어버린 경우에는 핫라인도 없다.

이러한 디파이 프로토콜은 어떤 금융 서비스를 제공할까? 어느 시점에 가서는 분명 은행이 제공하는 모든 서비스가 되겠지만 현재로서도 이미 많은 서비스가 있다. 여기에는 예를 들어 대출이 포함된다. 아마도 가장 일반적인 사용 사례는 FIAT라틴어 'fiat:있으라'는 사회적 합의를 기반으로 교환 매체로 사용되는 비디지털 화폐, 즉 고전적인 화폐를 의미한다. 화폐 형태, 즉 유로 또는 달러를 필요로 하는 암호 화폐 소유자일 것이다. 어떤 사람이 10개의 이더를 가지고 있고 가격이 계속 오를 것이라고 생각하기 때문에 확실히 팔고 싶지 않다고 가정해 보자. 급하게 돈이 필요한 경우 디파이 프로토콜에 이 10개의 이더를 담보로 예치할 수 있다. 대신 디파이 프로토콜은 이 사람에게 돈, 보통은 스테이블 코인을 준다. 스테이블 코인은 1단위가 항상 1달러인 암호화폐다. 이 프로토콜에는 스마트 계약에 30% 대출 한도가 저장되어 있으므로 10개의 이더를 예치한 사람은 누구나 특정 이자율로 3개의 이더를 빌릴 수 있다. 그는 이 3개의 이더를 스테이블 코인 형태로 받아서 거래소에서 유로로 교환한 다음 자신의 은행 계좌에 이체한다. 한편 이에 대한 이자는 보증금에서 공제된다. 1년 후 그가 3개의 이더를 되찾고 프로토콜에 지불하면 10개의 이더를 돌려받는다. 다른 한편 대출받은 돈을 디파이 프로토콜에 제공하는 사람들도 있다. 이 투자자들은 예금에 대한 이자를 받는다. 그렇다. 이들은 이자를 받고, 은행에서처럼 쥐꼬리만한 이자에 만족하거나 심지어 벌금이자를 지불할 필요도 없다. 대략 10%의 이자율은 디파이 공간에서 드문 일이 아니다.

> 이율이 10%라니, 깜박 속아 넘어갈 수도 있겠네!
> 그렇지만 이건 속임수야! 무엇보다 리스크가 너무 크잖아!

> 당신 말이 맞습니다. 리스크가 없으면 재미도 없다. 이 말은 어디서나 통하는 말이죠. 예를 들어 프로토콜이 잘못 프로그래밍되어 해킹을 당할 수 있습니다. 그렇게 되면 모든 예금이 해커 또는 다른 사람과 함께 사라지게 되죠. '이자'는 대개 위에서 언급한 ICE 토큰과 같이 생성 비용이 전혀 들지 않는 다른 암호화폐로 지불됩니다. 이런 통화는 가치가 떨어지거나 심지어 아예 없어질 수도 있지요.

디파이 세계에는 다양한 프로토콜을 사용하여 매우 높은 이자율을 생성하는 방법이 많이 있다. 여기서의 수익은 수백 또는 수천 퍼센트에 이를 수 있다. 예를 들어 스테이킹Staking이 있다. 여기서 코인 보유자는 네트워크 보안을 위한 담보로 프로토콜에 코인을 예치한다. '지분 증명' 원칙을 가진 이더리움2.0의 경우에 이것이 도입되자마자 그처럼 엄청난 수익을 발생시켰다. 또한 유동성 마이닝도 있다. 거기서는 DEX분산적으로 조직된 암호화폐 거래소에 두 가지 암호화폐, 즉 통화 쌍의 형태로 유동성이 제공된다. 그리하여 그 곳에서 통화 거래를 할 수 있다. DEX는 기존 금융 서비스 제공 업체와 같이 인력이나 기타 비용 없이 블록체인에서 자동으로 실행되는 암호 화폐 교환 프로토콜이다. 그러나 유동성 채굴에는 '영구 손실' 위험이 따르는데, 이건 너무 복잡해 여기서 자세히 설명하지 않겠다. 이걸 잘 설명하고 있는 수많은 유튜브 동영상이 있으니 참고하길 바란다.

보다시피 디파이 투자는 안전과는 거리가 멀다! 하지만 여기에 익숙하다면 비교적 적은 위험으로 돈을 벌 수 있는 프로토콜을 찾을 수 있다. 가장 잘 알려진 프로토콜 중 하나는 현재 280억 달러한화 약 33조 8,660억 원의 예치금을 보유하고 있으며 아주 오랫동안 해킹 없이 실행되었다. 해킹 약탈을 통해 얻을 수 있는 보답이 크기 때문에 프로토콜은 하루에도 여러 번 해커 공격에 노출된다고 가정할 수 있다. 따라서 해당 프로토콜이 해킹되지 않은 상태로 진행되는 날이 거듭될수록 '안전'할 개연성이 높아진다.

내가 디파이가 무엇인지 자세히 설명하는 이유가 무엇일까? 디파이와 NFT가 이미 병합되기 시작했고 앞으로 훨씬 더 많이 상호 작용할 것이기 때문이다. 둘 다 블록체인에서 이루어지고 그 때문에 상호 매우 잘 통신하고 상호 작용할 수 있기 때문에 이 점은 확실하다. 예를 들어 10이더가 있고, 돈이 필요한 사람이 이 10이더를 주고 크립토펑크 하나를 소유했다고 상상해보자. 더 나아가 그가 유로를 얻기 위해 이 크립토펑크를 예금하고 대출할 수 있는 프로토콜이 있다고 상상해보자. 이것 역시 이미 존재하고 있고, 미래에는 상상할 수 있는 모든 형태로 훨씬 더 널리 퍼질 것이다.

새로운 미래를 상상해보자

만약 우리가 일단 NFT의 원리를 이해하고, 모든 NFT가 스마트 계약이라는 것을 알고 있으면 다른 많은 가능한 용도를 생각할 수 있다. 디지털 '시민 월렛'에 여권이 NFT로 저장되어 있게 되면 더 이상 휴가 비행을 떠나기 전에 정신없이 그걸 찾는 일은 없어도 되는 상황을 상상할 수도 있다. 그렇다, 어쩌면 그 대신 이 월렛에 대한 비밀번호를 정신없이 찾을 수도 있겠다. 하지만 그것은 또 다른 주제다. 보험 분야에서도 많은 것이 가능할 것이다. 예를 들어 한 풍수해 보험에서 스마트 계약에 기상청과의 연결을 저장하는 경우를 생각해볼 수 있다. 이제 이 기관이 기록을 근거로 평방미터당 169리터의 물이 실제로 보험 계약자의 마을에 떨어졌음을 확인하면 보험 금액이 자동으로 지갑에 지불되게 될 것이다. 하지만 현실적으로 생각해보면, 이 보험 회사는 아마도 우리 월렛에서 재빨리 실시간으로 보험료를 인출할 수 있는 시스템을 찾을 거라 보는 게 맞을 것이다. 그리고 보험금 지급은 아마도 앞으로도 오랫동안 수동으로 지불될 것이다. 처리 시간은 6주에서 8주가 걸리고. 최소한 말이다.

미래의 작업 세계에서는 블록체인 기술을 사용하여 완전히 새로운 시나리오도 생각할 수 있다. 따라서 미래에는 작업이 분 단위로 청구되고 임금은 작업 프로세스 동안 1초마다 직원의 지갑으로 지급될 것이라고 생각할 수 있다. 물론 그와 병행해서 세금과 사회 보장 기여금을 실시간으로 동시에 인출하지 않는 것은 아니지만. 하지만 추측컨대 우리나라가 블록체인을 발견하기 전에 분명 필요한 이런 저런 신청서를 타자기로 입력해야만 할 것이다. 인센티브도 NFT로 발행될 수 있다. 예를 들어 특별 성과에 대한 추가 휴가, 상품권 또는 다음 축구 경기 입장권 등이다. 그리고 이것은 평가 인터뷰에서 길게 논의하지 않고도 특정 프로젝트 목표가 달성되는 즉시 완전히 자동으로 이루어지게 된다.

그러니까 NFT는 시작에 불과하다. NFT는 조만간 기업가와 직원, 관료와 예술가, 판매원과 고객, 시민과 정부 공무원, 카니발 참가자나 페스티벌 팬 모두를, 심지어 바이에른과 프로이센까지도 바쁘게 만들 것이다!

NFT 예술로
거둔 수익

거품인가 아니면 미래 트렌드인가?

비플의 '매일: 첫 5000일'이나 크립토펑크가 헤드라인을 장식한 이후로 NFT는 대중의 의식에 각인됐다. 어떻게 지금까지 무명이던 사람들의 작업이 그야말로 갑자기 수백만 달러가 나갈 수 있을까? 이것이 거품인지 미래의 진정한 트렌드인지 모두가 어리둥절하다. 하지만 이것은 명백히 잘못된 질문이다. 디지털 아트는 그 둘 다이기 때문이다. 일부 프로젝트의 가격은 거품처럼 부풀려져 투자자에게 큰 손실을 초래할 것이다. 하지만 다른 투자는 지속되고 계속해서 상당한 가치를 창출할 것이다. 이 장에서 나는 NFT 세계에 대한 위험한 투자와 덜 위험한 투자를 식별할 수 있는 눈을 기를 수 있도록 할 것이다. 물론 나에게도 미래를 내다볼 수 있는 마법의 수정구슬은 없다. 하지만 가치 안정성과 추가적인 가치 상승을 나타내는 몇 가지 경험 법칙이 있다고 확신한다. 그리고 그런 것은 아주 쉽게 이해할 수 있다.

디지털 아트
: 체계적인 접근

그림 1은 NFT 투자 분야에서 일어나는 일에 대한 1차 개요를 보여 준다. 여기 언급된 사례는 구매 추천도 아니고 영구히 뽑어 나오는 이익을 보장하는 것도 아니라는 점을 유의해야 한다. 이들은 현재 눈에 띄는 프로젝트들이다. 다음 페이지에서는 그림에서 언급된 예술 형식을 자세히 살펴볼 것이다.

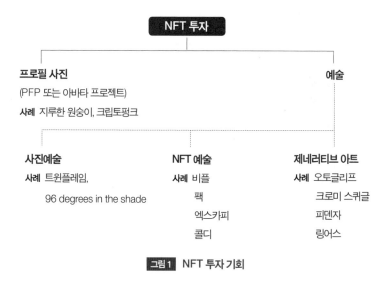

그림1 NFT 투자 기회

프로필 사진(PFP): OG와 모방자들

이미 이 책 시작 부분에서 '프로필 사진'에 대해 알게 됐을 것이다. 이것은 소셜 미디어에서 사용자 이미지로 사용할 수 있는 일련의 이미지종종 한 가지 모티브에 10,000개의 개별 패턴이다. 또는 '아바타' 프로젝트라고도 한다. 가장 잘 알려진 PFP는 크립토펑크다.

크립토펑크는 2017년 6월 두 명의 크리에이티브 소프트웨어 전문가 존 왓킨슨John Watkinson과 맷 홀Matt Hall에 의해 시작되었다. 이 듀오는 라바랩스라고 불리며 그 사이 또 다른 성공적인 프로필 사진인 미비츠 Meebits를 출시했다. 게다가 이 분야 최초의 작품으로 간주되고 꿈의 가격을 달성한 제너러티브 아트 프로젝트 '오토글리프Autoglyphs'를 책임지고 있다. 자세한 내용은 이 챕터의 뒷부분에서 설명할 것이다. 펑크 판매는 처음에는 더뎠다. 사실 그건 판매라고 부를 수가 없었다. 현재 수십만, 심지어 수백만 달러에 거래되고 있는 이 NFT는 처음에 이더리움 월렛을 소유한 모든 사람에게 주어졌다. 돌이켜보면 마치 왕관 보석의 일부를 받은 것과 같았다. 2021년 여름에 이미 가장 저렴한 펑크 하나에 44이더, 당시 약 90,000유로한화 약 1억 2,164만 원였다. 사람들이 무척 탐내는 버전은 최대 400만 유로한화 약 154억 904만 원에 주인이 바뀌었다.

크립토펑크 #2140을 예로 들어보면, 이 NFT는 한 영리한 소유자가 2017년 6월 23일에 무료로 신청해소유해 2021년 2월 22일 731,000달러한화 약 8억 8,560만 원에 재판매했다. 거의 백만 달러의 4분의 3에 해당되는 돈을 투자한 구매자도 잘못한 게 아무것도 없었다. 2021년 7월 30일에 통틀어 24개만 존재하는 이 이른바 '원숭이'를 게리 바이너척에게 전설적인 376만 달러한화 약 45억 5,524만 원에 재판매했기 때문이다. 그 이후 그가 소유하고 있고, 내가 알고 있는 게리라면 '영원히' 보유할 것이다. 이것을 소유한 사람이 저명한 인사라는 이유만으로도 어쩌면 이 크립토펑크에는 가치의 안정성이 주어질 것이다.

내가 이 모든 것을 어디서 알게 됐는지 궁금하다면, 'White: Gary Vees Punk'의 판매 내역에서 발췌한 스크린샷에서 보듯이그림2 라바랩스 웹사이트를 통해서도 크립토펑크의 블록체인 거래를 공개적으로 볼 수 있다. 여기에는 소유권의 모든 변경 사항과 잠정 판매 가격이 나열된다. 다음 장에서는 그러한 정보를 어떻게 당신의 판단에 통합할 것인지 좀 더 정확히 설명할 것이다.

통계를 보면 크립토펑크가 전반적으로 경험한 가치의 증가를 알 수 있다. 그림 3은 마찬가지로 www.larvalabs.com/cryptopunks 페이지의 스크린샷으로, 2021년 11월 11일의 스냅샷을 보여준다. 이에 따르면 현재까지 가장 비싼 크립토펑크는 2021년 3월 11일에 라바랩스 플랫폼 자체에서 758만 달러한화 약 91억 8,468만 원에 판매되었다. 2021년 6월, 희귀한 크립토펑크 에일리언CryptoPunk Alien 하나는 유명한 경매 회사 소더비의 가상 카운터를 통해 1,170만 달러한화 약 141억 5,349만 원

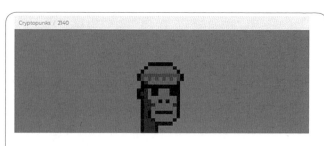

Cryptopunks / 2140

CryptoPunk 2140

One of 24 Ape punks.

Accessories

Knitted Cap
419 punks have this.

Small Shades
378 punks have this.

Current Market Status

This punk is currently owned by address gary.vee....
This punk has not been listed for sale by its owner.
There are currently no bids on this punk.

Transaction History

Type	From	To	Amount	Txn
Bid Withdrawn	0x7eb413		0.09Ξ ($415)	Nov 08, 2021
Bid	0x7eb413		0.09Ξ ($411)	Nov 08, 2021
Bid Withdrawn	0x1e30b4		0.40Ξ ($1,530)	Oct 19, 2021
Bid	0x1e30b4		0.40Ξ ($1,365)	Sep 15, 2021
Bid	hammy.et...		0.30Ξ ($1,000)	Aug 23, 2021
Bid	0xeea014		0.10Ξ ($311)	Aug 08, 2021
Sold	grunar.e...	gary.vee...	1.6KΞ ($3.76M)	Jul 30, 2021
Offered			1.6KΞ ($5.77M)	May 13, 2021
Offered			1.9KΞ ($5.24M)	Apr 30, 2021
Bid Withdrawn	0x7f3aff		500Ξ ($887,190)	Mar 22, 2021
Sold	Pranksy	grunar.e...	750Ξ ($1.18M)	Mar 02, 2021
Offered			750Ξ ($1.22M)	Feb 25, 2021
Offered			900Ξ ($1.39M)	Feb 23, 2021
Offered			999.99Ξ ($1.6M)	Feb 23, 2021
Offered			1.34KΞ ($2.45M)	Feb 22, 2021
Bid	0x7f3aff		500Ξ ($914,505)	Feb 22, 2021
Sold	0x0cea5b	Pranksy	400Ξ ($731,604)	Feb 22, 2021
Offered			400Ξ ($731,604)	Feb 22, 2021
Bid Withdrawn	Existenc...		10Ξ ($3,680)	Oct 17, 2020

그림 2 게리 바이너척이 소유하고 있는 크립토펑크

출처 : Larva Labs, 2021년 11월 11일

에 판매되기까지 했다. 이스라엘 스포츠 베팅 억만장자 샬롬 멕킨지 Shalom Meckenzie가 이걸 확보했다. '가장 저렴한' 펑크는 2021년 11월에 387,000달러한화 약 4억 6,807만 원에 약간 못 미치는 가격에 판매되었다. 지금까지 크립토펑크는 총 16억 2천만 달러한화 약 1조 9,593억 원, 그러니까 대략 잘나가는 중견기업 12개사가 1년에 벌어들이는 수익에 해당되는 매출을 기록했다.

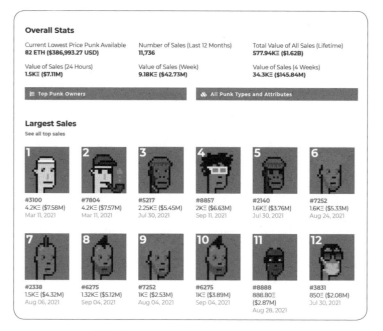

그림 3 2021년 11월 11일 크립토펑크 판매 통계

출처 : Larva Labs, 2021년 11월 11일

픽셀화된 사람 모양 몇 개가 그렇게 공전의 히트를 쳤다고?!
대체 그게 무슨 예술이라는 거야?

 크립토펑크는 실질적으로 가장 처음으로 유명해진 NFT 프로젝트로 간주됩니다. 심지어 이들이 처음부터 전체 NFT 공간을 시작했다고까지 말하죠. 그럼에도 불구하고 2021년에 크립토펑크는 많은 예술 애호가들을 실질적으로 혼돈에 빠트렸습니다. 신문 문예란 필자들은 머리카락을 쥐어뜯었죠. 하지만 조금만 생각해 보면 클래식 미술계에서도 혁명적인 작품은 고가에 팔리는 경우가 많다는 것을 알 수 있습니다. 예를 들어 20세기 초 마르셀 뒤샹 Marcel Duchamp, 만 레이Man Ray 등의 예술가들이 내세운 '레디메이드Ready Mades' 오브제는 큰 소동을 일으켰습니다. 뒤샹은 배관 거래에서 나온 변기를 무례하게도 예술 작품 '샘'이라고 선언했죠. 만 레이는 클립으로 메트로놈 포인터에 눈 사진을 부착하고 이 오브제 100개의 시리즈를 만들었습니다. 이 조각품들은 40,000유로 한화 약 5,402만 원 이상에 팔렸죠.

크립토 분야에서는 크립토펑크가 동종 업계 최초이자 가장 잘 알려져 있다. 업계 은어로 'OG'라는 데 동의한다는 바로 그 이유 때문에 추정컨대 크립토펑크는 탐낼만하고 안정된 가치를 갖는다. 어딘가에서 그보다 더 오래된 NFT가 계속해서 발굴된다 해도 이 사실은 전혀 변하지 않는다. 물론 비유해서 말하면 그렇다는 말이다. 참고로 OG는 'Original Gangster 커뮤니티 내 높은 존재감을 가진 사람'의 약자이다. 가격이 급등하고 프로젝트가 OG로 간주되기 전에 일찍 프로젝트에 참여하는 것은 복권에 당첨되는 것과 같다. 물론 새롭고 독창적인 것을 발견했다고 해서 다른 사람들도 충분히 매료시켜 대박을 터트릴 거라고 보장할 수 있는 사람은 아무도 없다.

현재 수백 개의 PFP 프로젝트가 더 있다. 성공은 항상 모방자를 부른다. '쿨캐츠Cool Cats', '사이버콩즈Cyberkongz', '크립토애즈CrypToadz', '레이지 라이온즈Lazy Lions', '퍼지 펭귄Pudgy Penguins' 등을 rarity.tools 사이트에서 찾을 수 있다. 실제로도 꽤 괜찮은 몇 개만 예를 들자면 이렇다. rarity.tools는 개별 NFT의 희귀도에 따라 나열된 컬렉션을 분류하고 오픈씨 공급 상황에 따라 가격을 책정하는 사이트이다.

현재 범람한 시장은 모든 시장과 마찬가지로 수요와 공급에 따라 작동하기 때문에 최근 프로필 사진 상당수는 크립토펑크에 전혀 못 미친다. 어쨌건 현재 '지루한 원숭이'는 여전히 OG 프로젝트로 거래되는데, 나는 토요일이면 도지는 수면 문제 덕분에 10개를 민팅발행할 수 있었다. 그러니까 블록체인에서 이 10개의 원숭이를 생성한 사람이 바로 나였던 것이다. 내가 아침에 이 프로젝트에 대한 다양한 뉴스를 읽었을 때 '지루한 원숭이 요트 클럽' 웹사이트에는 여전히 수천 마리의 원숭이가 남아 있었다. 통상 NFT는 웹사이트에서 직접 발행하는 것직접 구매하고 무작위로 할당 받음이 가장 저렴하다. '지루한 원숭이'는 0.08이더로 발행할 수 있었는데, 이는 당시 160유로한화 약 21만 원에 달했다. 그러니까 이제 컴퓨터 앞에 앉아서 처음으로 하나를 발행했는데 내 암호화폐 지갑인 '메타마스크'에 이더가 거의 남아 있지 않았다. 나는 이 원숭이를 보고 "와, 정말 멋있게 생겼다"고 생각을 했다. 그리고 시간과의 경쟁이 시작되었다. 내가 아직 손에 넣을 수 있는 원숭이 수가 급격히 떨어지는 것을 보았다. 다른 사람들도 나만큼 멋지다고 생각했다는 표시다. 나는 즉시이체로 내 암호화폐 거래소 크라켄Kraken에 돈을 이체했다. 그런 다음 내 메타마스크로 액세스하고 있던 이더리움 주소로 돈을 보내고 최대한 빨리 4개를 더 발행했다.

이제 보니 이 4개가 첫 번째 원숭이보다 더 마음에 들었다. 나는 속으로 '이놈들 정말 멋진데? 10개를 사자.'라고 생각했고 추가로 5개를 더 발행했다. 동시에 소수의 친구들에게 이를 알렸다. 내게 멘토링을 하고 있는 몇 안 되는 사람까지 포함해 그들은 모두 손사레를 쳤다. "시간이 없어서", "원숭이 사진이어서", "돈이 없어서"가 나중에 그들이 복권에 당첨되지 않은 몇 가지 이유였다. 물론 당시에는 아무도 그걸 몰랐다. 하지만 지금까지 나는 투자에 관해서는 항상 내 직감을 믿었다. 지금은 심지어 내 직원이 된 당시 고객 중 한 명은 최후의 순간에 원숭이 한 마리를 잡을 수 있었고, 지금도 여전히 보유하고 있다.

그러니까 나는 당시 몇 개가 '아주 멋지다'고 생각했던 프로필 사진 프로젝트의 행복한 '원숭이 아빠'였던 것이다. 같은 날 저녁 내 유튜브 채널에 라이브 비디오를 만들었고 현재 추천하고 싶은 NFT를 묻는 질

그림 4,5 내 '지루한 원숭이' 두 마리

문에 '지루한 원숭이'라고 대답했다. 덧붙여 그중 하나를 오늘 아침에도 아직 0.08이더로 채굴할 수 있었고, 그 사이 0.45이더로 올랐지만 여전히 흥미롭게 생각한다고 일러주었다. 이 유튜브 영상으로 인해 그날 저녁에 하나를 샀던 사람들을 안다. 그들은 지금까지 내게 고마워하고 있다. 현재2021년 11월 중순 오픈씨에서 내가 가진 원숭이는 약 50이더 가격에 구매 제의를 받고 있다. 원숭이 한 마리 당 가격이 그렇다는 걸 잊지말자. 이는 현재 시세로 약 190,000유로한화 약 2억 5,684만 원에 해당하며 발행 가격의 1,180배 이상에 달한다.

'지루한 원숭이'를 둘러싼 컬트를 살펴보면 더 많은 시장 메커니즘을 알 수 있다. 원숭이들은 '유틸리티'를 가지고 있다. 이것은 동시에 '원숭이 요트 클럽'의 회원 카드로 사용된다. 회원들만이 15분마다 '협업 그래피티 보드collaborative graffity board'에 오랜 자신의 흔적을 남길 수 있는 '욕실The Bathroom'에 액세스할 수 있다. 미래에는 모든 사람이 15분 동안 세계적으로 유명해질 것이라고 예언한 팝 아티스트 앤디 워홀Andy Warhol 앞에 공손하게 절이라도 해야 하지 않을까. 또 요트 클럽 회원을 "지루한 원숭이들"이라고 부르는 이유가 뭔지는 아예 생각조차 하고 싶지 않다. BAYC지루한 원숭이 요트 클럽의 '로드맵'에 따르면 회원은 추가 특전과 독점 클럽 이벤트에 액세스할 수 있다.

원숭이 프로필 사진 소유자만 구입할 수 있는 BAYC 상품화 목록이 항상 있으며 나중에 종종 이베이eBay에서 수십 배 가격으로 재판매될 수 있다. 지금까지 클럽 멤버십의 하이라이트는 2021년 11월에 열린 뉴욕 NFT 연례 컨퍼런스의 대규모 이벤트였다. 코미디 스타 크리스 록 Chris Rock의 사회로 벡Beck, 스트록Strokes 등등 음악가들의 공연이 벌어졌다. 눈치챘겠지만 이벤트 입장권은 '월렛' 속의 '지루한 원숭이'였다. 따라서 미래에 대한 흥미로운 실행 계획이 포함된 로드맵은 잠재적으로 가치 있는 투자의 또 다른 지표인 것이다.

그 사이 '지루한 원숭이' 소유자로서 나는 원숭이 하나 당 개 한 마리를 추가로 받았고, 그밖에 뮤턴트돌연변이 원숭이를 만드는 데 사용할 수 있는 '혈청세럼' 캔 10개도 따로 받았다. 갑자기 한 푼도 투자하지 않은 채 나는 약 166,000유로한화 약 2억 2,439만 원에 달하는 개 한 무리의 주인이 된 것이다. 그리고 오늘 현재, 벌써 내가 가진 혈청에 대해 282,000

그림 6.7 '지루한 원숭이 요트 클럽'의 보너스 : 개와 혈청

유로한화 약 3억 8,123만 원 이상의 구매 제안이 들어왔다.

터무니없다고 나도 생각한다. 그러니까 원숭이를 소유한 댓가로 총 448,000유로한화 약 6억 564만 원에 달하는 추가 물질적 자산이 주어진 것이다. 다만 우리가 이 사례에서 배울 수 있는 것은 일련의 PFP를 중심으로 모이는 커뮤니티가 매우 중요하다는 사실이다.

- 커뮤니티 규모는 얼마나 큰가?
- 얼마나 헌신적인가?
- 얼마나 공감대를 형성하는가?
- 가격만 중시하는가(나쁜 징조), 아니면 미래와 재미를 위한 생각을 공유하는가?

당신은 디스코드 서버의 어떤 프로젝트에서 어떤 인상을 받을 수 있다. BAYC 디스코드 서버에는 17,000명이 넘는 회원이 있지만 원숭이는 10,000마리 밖에 없고, 이들은 5,900개의 '월렛'에 분산되어 있다. 거의 25만 명이 트위터에서 이 클럽을 팔로우 한다. 분위기는 다정하면서도 열정적이다. 디스코드에서 '지루한 원숭이' 소유자임이 밝혀지면 열광적인최고의 디지털 클럽 행동 환영을 받는다. 그러니까 프로필 사진에 관심이 있다면 OG 프로젝트인 크립토펑크 와 '지루한 원숭이' 프로젝트에서 배운 교훈을 염두에 두어야 한다. 독창적인가? 특별한 이야기가 있는가? 유틸리티를 갖고 있는가? 멋진 커뮤니티가 있는가? 원숭이, 고양이 또는 이상한 타입이 항상 효과가 있다고 생각하는 모방자들에게 속지 말라. 적어도 큰 이익을 기대하는 경우에는 이들에게 속아선 안 된다.

사진 예술 : 쌍둥이와 밈

유명한 아트 페어아트 바젤가 있는 바젤은 세계에서 가장 중요한 예술 도시 중 하나다. 이 박람회는 현재 마이애미비치와 홍콩에 지점이 있다. 수년 전부터 사진 아트 페어도 있다. 2021년 9월, 처음으로 사진 NFT를 위한 공간이 예약되었다. 삼성이 '더 프레임'이라고 명명한 특

수 스크린에 12개의 갤러리가 디지털 사진 예술을 선보였다. 이 컬렉션은 오픈씨 사이트에서 볼 수 있다. 이 같은 전시회나 소더비나 크리스티같이 잘 알려진 경매 회사를 통한 예술 작품 경매는 유망한 예술가나 다른 이유로 상징적인 사진에 대한 단서를 제공한다. 예를 들어 크리스티는 모델 에밀리 라타이코프스키Emily Ratajkowski가 다른 사진 앞에서 포즈를 취하고 있는 사진 한 장을 수십만 달러에 경매했다. 이 사진 속 사진은 과거에 라타이코프스키가 도단 당한 사진인데 다시 사들인 것으로, 여성의 자기 권능으로 판매 관심을 불러일으켰던 스토리가 있었다.

사진은 예술 형식으로 인정받기까지 오랜 시간 고군분투해야 했다. 오늘날 더 이상 그 누구도 사진이 예술일 수 있다는 것을 의심하지 않는다. 신디 셔먼Cindy Sherman이나 데이비드 호크니David Hockney와 같은 아티스트는 수백만 유로의 기록적인 가격을 달성했다. 이러한 절대적인 슈퍼스타 외에도 유명 박물관과 갤러리의 전시회에 출품하거나 특별 사진 박물관에 작품이 전시되는 다소 덜 알려진 사진가들도 있다. 이런 사진작가들또는 그들의 상속인이 NFT의 세계를 발견한다면 이것은 흥미로운 투자가 될 수 있다. 예를 들어 2004년에 사망한 사진작가 알베르토 리조Alberto Rizzo의 상징적인 사진은 상속인에 의해 NFT로 게시되었다. 지난 11월 설립된 사진 NFT 플랫폼 '퀀텀 아트Quantum Art'는 그의 가장 유명한 사진 100여 점을 담은 시리즈를 발표했다. 출시 가격

그림 8 저스틴 에버사노의 '트윈 플레임 #66'

은 0.55이더였다. 내가 이 부분을 막 쓰고 있을 때 제일 싼 것도 4이더 이상은 주어야 살 수 있다.

저스틴 애버사노는 또 다른 NFT 분야 사람들특히 지금은 NFT 친구가 된 지머니을 통해 내가 주목하게 된 최초의 사진작가이다. 그는 100점의 쌍둥이 초상화 시리즈인 '트윈 플레임'을 통해 유산으로 인해 세상의 빛을 보지 못했던 쌍둥이 여동생을 기념하고 싶다고 말한다. 그 사이 이 그림 한 점에 백만 단위까지 호가가 치솟았다. 게다가 애버사노는 앞서 언급한 플랫폼 퀀텀 아트의 공동 설립자이기도 하다. 이 플랫폼은 '오직 사진가와 그들의 작업, NFT 컬렉션 큐레이팅 및 게시에만 초점을 맞춘 최초의 블록체인 플랫폼'이라고 스스로 홍보하고 있다. 하지만 '유니크 원 포토Unique One Foto' 역시 사진 NFT에 특화된 최초의 시장이라고 주장한다. 그렇지만 여기에서는 작품이 큐레이팅되는 것이 아니라 누구나 자신의 작품을 발표할 수가 있다. 물론 대형 2차 시장, 특히 오픈씨 역시 사진 예술을 판매한다. 따라서 이 분야는 계속해서 NFT 수집가들에게 그리고 투자로서 중요한 역할을 할 것이다.

내 포트폴리오에는 그냥 맘에 들어 모은 다양한 작품들이 있는데, 그중 일부는 기쁘게도 투자로 이어지기도 한다. 그중에는 내가 특히 자랑스러워하는 '트윈 플레임 #66' 한 장이 있다그림 8 참조. 나는 저스틴 자체를 아주 일찍 알게 되었는데, 그때는 그의 트윈 플레임 컬렉션을 아직 1이더 미만으로 구할 수 있었다. 당시 그는 아티스트들이 늘 하듯이 정말로 내게 다정하게 추천해주었다. 솔직히 그 시점에는 그냥 가진 돈이 없었다. 몇 주 후 가격이 급등하기 시작하자 용기를 내 현금을 확보하고, 그래도 아직 12이더당시 약 20,000유로에 트윈 플레임 한 점을 샀다. 돌이켜보면 그건 최고의 결정이었다. 지금은 한 점에 190이더, 즉 약 760,000유로한화 약 10억 2,647만 원 이하의 가격으로 트윈 플레임을 손에 넣을 수는 없으니까.

사진 예술 외에도 인터넷에 떠도는 유명 사진의 NFT도 고가에 거래된다. 앞에서 우리는 이미 '재난의 소녀Disaster Girl'라는 밈을 알게 되었다. 또 다른 밈은 어린 아이가 해변에서 카메라를 노려보면서 능숙하게 주먹을 불끈 쥐는 장면을 담은 '석세스 키드Success Kid'이다. 이 아이는 미국인 레이니 그리너Laney Griner의 당시 11개월 된 아들 샘Sam이다. 2021년 4월, 2007년에 엄마인 그리너씨가 찍은 이 스냅샷의 NFT는 파운데이션Foundation 플랫폼의 경매에서 15이더에 팔렸다. 2021년 11월 중순에는 약 60,000유로한화 약 8,111만 원에 달했다. '불운 브라이언Bad Luck Brian', '스컴백 스티브Scumbag Steve' 또는 '지나치게 집착하는 여자친구Overly Attached Girlfriend'와 같은 제목의 다른 사진 밈도 놀라운 가격에 팔렸다. 이것은 그밖에 '찰리가 내 손가락을 물었어Charlie bit my finger' 같은 제목을 가진 일부 비디오도 마찬가지다. 찰리 가족은 이 비디오를 2021년 5월 760,000달러한화 약 9억 1,906만 원에 경매했다. 그전에는 웹에서 거의 9억 건의 조회수를 기록했다. 지금은 석유 재벌의 금고에 보관돼 있는 피카소처럼 개인 소유로 더 이상 일반에 공개되지 않는다. 어쩌면 지금은 이 비디오 덕분에 찰리 가족이 작은 집 하나는 마련했을 지도 모른다. 때문에 많은 사람들을 즐겁게 하거나 매혹시키는 사진 역시 가치 있는 투자가 될 수 있다.

나 자신은 암호화폐 도지코인을 장식하는 개 모습을 담은 아주 유명한 밈 사진에 투자했다. 엘론 머스크가 이 코인의 주요 발기인이다. 도지코인은 순수하게 재미로 만든 코인으로 시작해 지금은 가격 롤러

코스터를 반복하면서 때로는 투자자들을 기쁘게도 두렵게도 만들고 있다. 도지코인 개 주인이 만든 원본 사진은 NFT로 만드는 데 그치지 않았다. 프랙셔널 아트Fractional.art라는 플랫폼을 통해 소유권이 '분할' 됐다. 이것은 소액 투자자가 고가의 NFT에 참여할 수 있는 기회를 제공하는 방식이다. 이것은 일반적으로 코인의 형태를 취한다. 따라서 대체불가능 작품에 대한 대체 가능하고 교환 가능한 지분을 사는 것이다. 도지 NFT의 경우 이를 위해 도그코인을 만들었다. 이 도그코인은 16,969,696,969개가 있다. 밈 숫자 69를 주목해보라, 성적인 풍자니까, 히히. 그렇다, 암호 화폐 세계는 이렇게 유치하다. 2021년 11월 18일 개당 가격은 0.000007이더였다. 당연히 나는 그중 수백만 개를 샀다. 생각해보면 이것이 세계에서 가장 유명한 밈인 것이다.

NFT 아트
: 비플부터 팩까지

디지털 아트시장도 전통적인 아트시장과 다르지 않다. 수집가나 투자자 모두 신인을 발견하고 그의 작품이 갑자기 세계적으로 유명해지고 비싸지는 체험을 공유하는 꿈을 꾼다. 반 고흐나 보이스Beuys가 예술계에서 스타로 자리 잡자마자 이들의 작품을 구입하는 것은 전문적인 지식 또는 촉이나 직감이 필요 없다. 그저 아주 두툼한 지갑만 있으면 된다. 하지만 나머지 사람들의 의견까지 정확히 일치하기 전에 굵은 선으로 어른어른하게 캔버스에 투영된 풍경이나 (보이스의 '사슴에 내려친 번쩍이는 낙뢰Blitzschlag mit Lichtschein auf Hirsch'에서와 같이)매달린 삼각형 오브제 아래 부풀어 오른 청동 똥덩어리들을 뛰어난 예술로 인정하는 것은 완전히 다른 것이다.

디지털 아트도 마찬가지다. 비플 작품이 앞으로도 계속 높은 가격에 팔릴 것이라고 예측하기 위해 예언가가 될 필요는 없다. 그것은 바이에른 지방의 한 비어 가든에 놓인 흰소시지의 겨자만큼이나 확실하다. 그리고 2021년 11월 크리스티 경매에서 우주 비행사가 풍경 속을 성큼 성큼 걸어가는 '휴먼 원Human One'이라는 제목이 붙은 비플의 2미터 높이의 조형물이 2,890만 달러한화 약 349억 5,455만 원에 팔렸을 때 정확히 그것은 현실이 되었다. 그렇다면 만약 그의 히트작 '매일, 첫 5000일'이 없었다 해도 같은 일이 일어났을까? 아마 일어나지 않았을 것이다. 그런데 6,900만 달러한화 약 834억 5,550만 원라는 엄청난 대박 판매를 두고 사람들은 왜 비플의 '매일'이 실제로 특별한 지 아무도 묻지 않는다. 이 작품의 특별함은 단지 수많은 개별 이미지들 때문만은 아니다. 10년이 넘는 기간 동안 새로운 기법을 실험하고, 때로는 과감한 정치적 발언과 미래에 대한 부정적인 비전디스토피아을 결합하여 시대의 신경을 건드린 듯한 예술가의 끊임없는 발전을 보여주기 때문이기도 하다. 그리고 대부분의 사람들이 잊고 있는 것은 그 뒤에 숨어 있는 위업, 심지어 자기 아내가 출산을 위해 병원에 가는 날에도 5,000일 이상의 기간 동안 매일매일 이미지를 캡처해 낸 그의 위업이다.

예술의 신대륙

디지털 아트에 대한 판단을 내리기 어렵게 만드는 요인은, 이 초기 단계에서는 NFT 예술에 관심이 있는 커뮤니티가 주류 예술계 및 그 오피니언 리더와 거의 겹치지 않는 다는 점이다. 갤러리스트들은 게임의 규칙이 아날로그 아트와 디지털 시장에서 다를 수 있다는 점을 이제 막 이해하기 시작했다.

예를 들어 크립토 아트의 경우 중요한 것은 커뮤니티, 즉 아티스트가 일반적으로 네트워크에서 높은 존재감을 통해 구축한 팬덤이다. 디지털 기술 관련 기회를 잘 활용해 관객과 소통하는 것도 효과를 내고 있다. 여기에는 '드롭 문화Drop Culture', 즉 내부자에게 정보 우위를 확보하여 커뮤니티를 하나로 묶는 신작 공개 발표만 해당되는 건 아니다. 훨씬 더 정교한 형태도 가능하다.

팩Pak은 가장 유명하면서도 수수께끼 같은 암호 화폐 예술가 중 한 명으로 그의 정체를 아는 사람은 거의 없다. 팩은 자신의 예술을 관객과의 복잡한 게임으로 무대에 올리는데, 이는 전문가조차 단계적으로만 이해할 수 있다. 그의 프로젝트 중 하나인 '로스트 포엣Lost Poets'은 2021년에 '페이지Pages' 판매를 시작했다. 시간이 지나면 이 페이지는 디지털 알고리즘에 의해 생성된 얼굴인 '시인'으로 교환될 수 있다. 장기적으로 페이지를 유지하는 것이 더 현명할지 여부는 여전히 불분명하다. 컬렉터는 수집한 시인의 이름을 지정하거나 포기할 수도 있고, 시인에게 페이지를 '먹이로 주어', 예를 들어 시를 쓰는 데 사용할 수 있는 단어를 얻을 수 있었다. 컬렉터는 심지어 https://burn.art라는 웹사이트에서 블록체인의 아무도 액세스할 수 없는 주소로 페이지를 전송하여 '태워버릴' 수도, 즉 파괴할 수도 있었다. 그 댓가로 컬렉터는

ASH를 받았다. ASH 즉 '재'는 팩이 만든 암호 화폐로 이더와 함께 '시인'을 구입할 수 있는 또 다른 통화이다.

프로젝트 웹사이트 lostpoets에서는 소위 '비밀' 로드맵The Secret Roadmap을 모든 사람에게 공개하고 있다. 거기에는 제4막 'The Twis'에 대해 이렇게 말하고 있다. "이것은 팩 프로젝트임을 기억하세요. 어떤 일도 일어날 수 있습니다." 결국에는 게임의 규칙이 근본적으로 바뀌면서 지금까지 평가가 뒤집히는 걸까? 팩 자신은 웹사이트에서 자신의 캠페인을 '게임'으로 설명한다: "로스트 포엣은 NFT 수집품이자 전략 게임입니다." 작품을 재로 태워 암호 화폐를 얻고, 작품을 거래하거나, 이름을 지정하거나, 자신의 통화를 만들어 구매자의 범위를 작게 유지한다든지 등등. 팩은 디지털 예술 시장의 관습, 그와 관련된 투자 희망, 그리고 위대한 예술에 대한 독점 주장을 풍자적으로 그리고 아주 영리하게 갖고 노는 것 같다. 수수께끼 같은 것은 언제나 특히 잘 팔리니까. 모나리자를 보라. 팩의 경우 무릇 팩Murat Pak이 과연 누구인지 제대로 아는 사람이 거의 없다는 사실에서 미스터리가 시작된다.

NFT 아트계의 스타들

이제 NFT가 정기적으로 매우 높은 가격에 팔리는 일련의 아티스트가 있다. 그들 모두의 공통점은 각자의 작품에 대한 높은 인지도, 고유의 필체다. 여기 몇 명의 이름만 들어보자. 당연히 완전하다고는 못한다.

- **비플** 본명은 마이크 윈켈만(Mike Winkelmann) : '매일' 또는 '휴먼 원' 같은 작품으로 이 세계의 절대적인 슈퍼스타다.

- **엑스카피** XCOPY : 런던 시민이자 초기 암호화폐 아티스트다. 만화 스타일의 종종 검은색 바탕에 항상 일렁이는 그의 작품은 높은 인지도를 가지고 있다. 그는 암호화폐 커뮤니티에서 OG, 즉 권위자로 간주된다. 그의 작품은 수백 개가 넘는 판본으로 나오지만 유일물로도 나온다. NFT 공간에 있는 많은 사람들은 엑스카피 유일물을 소유하는 꿈을 꾼다. 이것은 대부분 십만에서 백만 단위 매출액을 생각하면 대부분 사람들에게는 꿈으로 남을 것 같다. 나 자신도 작품 네 개를 소유하고 있는데, 그 중 3개는 더 저렴하게 구입할 수 있는 더 큰 시리즈그림 9 및 10 참조이고, 하나는 초소형 27개 에디션으로 이미 엄청난 가격에 도달했다. 이미 언급했듯이 일

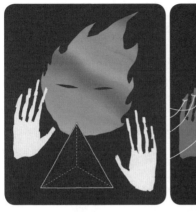

그림 9, 10 엑스카피의 SAINT_LESS 시리즈 두 작품

부 고가 예술 작품에는 '분할'을 통해 지분을 획득할 수 있는 기회도 있다. 그래서 나는 이 수단을 통해 엑스카피 유일물 1개의 지분도 소유하고 있다. 지분 분할을 할 때 주의해야 할 점은 나중에 설명하겠다.

- **3Lau**예명은 저스틴 블라우(Justin Blau): 잘 알려진 DJ이자 음악 프로듀서다. 그는 예를 들어 히트 앨범의 최소 한정판 판매나, 공동 제작한 노래유일물의 최고 입찰 경매 또는 미발표곡에 대한 독점 엑세스 권리 부여 등 다양한 방법으로 자신의 음악을 NFT로 판매한다. 가장 최근에 그는 소유자 수익금의 일부를 받는 NFT 형태의 음악을 발표했다. 재미있는 발상이었다.

- **페오시오스** Fewocious : 빅터 페오시오스 Victor Fewocious는 시애틀에 사는 18세 슈팅 스타로, 자신의 말에 따르면 "사탕 색처럼 화려하고, 너무나 생경하고, 세밀히 관찰한 후에야 비로소 어떤 부분은 혼란스런" 자화상으로, 1년도 채 되지 않아 1,700만 달러한화 약 205억 5,810만 원 이상을 벌어들였다. 페오시오스는 트랜스젠더로서의 자신의 경험을 이야기한다. 2021년 여름 그의 작품 중 다수가 크리스티에서 경매되었으며 낙찰가는 약 400,000달러한화 약 4억 8,380만 원였다.

- **해커타오** Hackatao: 이 이탈리아 예술가 듀오도 팝 아트 요소와 결합된 작은 흑백 및 컬러 드로잉으로 된 대체불가능한 서명을 가지고 있다. 이 예명은 'Hack'원뜻: 침투, 해킹과 'tao'음양대립 해소를 위한 / 한자로는 도(道)가 결합된 것이다. 해커타오는 2007년부터 존재했으며 2018년 초에 그들 스스로 암호 세계를 발견했다. 특히 레오나르도 다빈치의 그림을 자신들 스타일로 낯설게 만들어 슈퍼레어 SuperRare 플랫폼에서 155이더에 낙찰된 비디오 '핵 오브 더 베어 Hack of the Bear'가 유명하다. 정말 볼만한 가치가 있다!

- **팩** 더 정확하게는 무릇 팩, 누군지는 베일에 싸여 있다: '로스트 포엣' 또는 '대체가능한 컬렉션The Fungible Collection'과 같은 작품으로 슈퍼스타이다. 이

컬렉션은 소더비와 협력하여 니프티 게이트웨이Nifty Gateway 포털을 통해 2021년 봄에 판매된 기하학적 개체로 구성되어 있다. 내가 샀던 것과 같은 큐브는 그 당시에 500달러한화 약 60만 원였다. 그러나 점점 더 많은 사람들이 ASH 화폐를 얻기 위해 '큐브'를 파괴한 이후에는 점점 희귀해지고 있기 때문에 그 가치가 급격히 상승했다. 현재 시점에 1부에 약 30,000유로한화 약 4,051만 원에 달한다. 팩은 또 '머지merge'라는 제목의 작품 발표로 파문을 일으켰다. 이 내 유튜브 영상에서 관련 영상을 찾을 수 있다. 수십만 명의 마음을 사로잡는 잃어버린 시인과 팩의 신비한 행동에 대한 자세한 내용은 위를 앞부분 내용을 참조하길 바란다.

말했다시피 이것은 이 세계의 일부에 지나지 않는다. 이 분야에 대해 더 잘 이해하고 싶다면 트위터에서 관심 있는 아티스트를 팔로우하거나 아니면 부분적으로 독점적이고 입장이 제한된 디스코드에 가입하는 것이 좋다. 지속적으로 성공적인 예술가는 일반적으로 메시지 또는 관심사와 명확하게 알아볼 수 있는 서명을 가지고 있다. 이들의 커뮤니티가 얼마나 크고 활동적인지, 그리고 그 구성원이 누구인지 살펴보라. 유명인들을 찾는가? 아니면 무명에 지나지 않는 사람들인가?

암호화폐 현장에서 경험 많은 사람들과 아이디어를 교환하고 트위터에서 다이렉트 메시지를 통해 새로운 아티스트와 연락하는 것을 두려

위하지 말라. 돈에만 관심이 있다는 인상을 주는 익명의 팀들, 눈에 띄게 성공 모델을 따라하면서 뭔가 매우 유사한 것을 만드는 프로젝트는 위험 신호일 수 있다. 다만 여기서도 예외 없는 규칙은 없다. '지루한 원숭이' 뒤에 있는 팀은 지금까지도 여전히 대부분 익명이다.

제너러티브 아트
: 오토글리프에서 크로미 스퀴글까지

NFT 붐은 또한 '제너러티브' 아트에 큰 관심을 기울였다. 제너러티브 아트는 복잡한 코드를 기반으로 자체 제어컴퓨터 생성되어 창작되는 예술 작품을 말한다. 원칙적으로 무한하지만 대부분 한정된 시리즈로 출시되는 각각의 작품은 유일물이다. 따라서 아티스트는 프로그래머가 된다또는 프로그래머가 아티스트가 된다. 자신의 디지털 조수가 다음에 어떤 작품을 생성해 낼지 그 자신도 예측할 수 없다. 그러나 컴퓨터가 예술이 가능한가? 이 문제는 논쟁의 여지가 있다. 반면 무엇인가가 예술인가 아닌가에 대한 질문은 아마도 예술 그 자체만큼이나 오래된 것 같다. 추측컨대 저 유명한 라스코 동굴에도 지금은 이미 탄복해 마지않는 동물 그림과 손바닥 자국을 낙서로 치부해버린 석기 시대의 잔소리꾼들이 있었을 것이다.

NFT 세계는 제너러티브 아트를 위해 만들어진 것과도 같다. 이 세계에서 예술가들은 디지털 기술에 대해 매우 긍정적이고 이미 친숙한 관객을 만난다. 기본 코드는 블록체인에 직접 고정할 수도 있다. 따라서 NFT는 여기서 안전한 곳에 보관된 파일에 대한 인증서 그 이상이다. 그것은 디지털 스톤에 영원히 새겨져 작품 자체의 코드를 보관한다.

제너러티브 아트의 선도적인 마켓플레이스로 자리 잡은 곳은 정기적으로 새로운 프로젝트를 소개하고 구매할 수 있는 플랫폼인 아트 블록Art Blocks이었다. 여기서 구매자는 이미 샘플로 만든 첫 번째 예술 작품을 토대로 결과물을 알지 못한 채 자신의 작품을 '민팅'한다. 그런 다음에 정확히 그가 얻는 것은 놀랍다. 프로그래밍된 코드가 무한한 변형을 허용하기 때문이다. 하지만 각 프로젝트는 한정된 시리즈보통 1,000개의 주조 정도로 제한된다. 물론 장난기어린 깜짝 이벤트는 게임 관련 NFT 커뮤니티에도 어필한다.

아트 블록은 대부분 큐레이팅된 플랫폼이다. 그 말은 여기서는 모두가 제한 없이 자신의 예술 작품을 판매할 수는 없다는 의미다. 패널이 아티스트를 선택한다. 다만 '큐레이트된 프로젝트'에 이미 작품을 배치할 수 있었던 사람들은 큐레이트 되지 않은 영역에서도 자신이 선택한 작품을 내놓을 수 있다. 이런 프로젝트는 동그랗게 표시된 'P'아티스트의 놀이터 컬렉션로 구분된다. 제너러티브 아트 분야에서도 판단에 도움이 될 수 있는 작업을 하는 몇 명의 아티스트를 소개하고자 한다.

그림 11 에릭 스노우프로의 크로미 스퀴글 #1705

제너러티브 아트의 선구자들

아트 블록의 설립자인 에릭 스노우프로Erick Snowfro는 제너러티브 아트 공간의 OG다. 이 책 시작 부분에서 '크로미 스퀴글', 빛나고 움직이며 끊임없이 변화하는 색상 '튜브'에 대해 설명한 바 있다. 이것은 현재 2차 시장에서 20,000달러한화 약 2,438만 원를 쉽게 넘는다. 그런 점에서 비록 낙찰 받기는 했지만 기쁘다. 그래도 단돈 1이더에 3개를 샀다.

아론 펜Aaron Penne 역시 다채롭고 물결 모양의 역동적인 구조를 묘사한 '발현Apparitions' 사진으로 화제를 불러 일으켰다. 펜은 전기 엔지니어이자 아트 블록의 '엔지니어링 이사'다. 그 밖에 오래 전에 죽은 직업적 동료이자 주로 지도 홍보 및 발행인이었던 레비 월터 야기Levi Walter

그림 12, 13 아론 펜의 2개의 '발현'

Yaggy에게서 영감을 받았다. 19세기 말에 야기는 실제로 펜의 '발현'을 매우 연상시키는 다채로운 지구의 지질학적 묘사를 출판했다. 나는 이미 상당한 가치에 달한 그의 작품 중 일부를 소유하게 된 것이 무척 자랑스럽다. 심지어 그 중 하나는 내가 직접 발행했다.

라바랩스 프로젝트 '오토글리프Autoglyphs'는 이미 엄청난 가격에 달하고 있다. 그렇다. 라바랩스는 크립토펑크도 담당하는 사람들이다. 웹사이트에 512부로 제한되는 이 시리즈는 이더리움 블록체인의 첫 번째 '온체인on-chain' 제너러티브 예술로 설명되어 있다. 2019년에 단 0.2이더당시 835달러로 발행했던 오토글리프는 이제 2차 시장에서 수백만 달러의 가치가 있다. 당신도 이제 이런 일에 놀라지 않을 것이다. 이들은 결국 OG이고 여전히 중요한 예술 분야의 선구자였음을 자처하고 있기 때문이다. 오토글리프는 어떤 모습일까? 흑백의 작은 부분들로 이루어진 대칭 패턴으로 설명할 수 있다. 오픈씨opensea.io를 살펴보는 게 가장 좋다.

오토글리프로 시작하기 힘들다면 드미트리 체르니악Dmitri Cherniak의 '링어스Ringers'가 맘에 들 수도 있다. 체르니악은 캐나다의 컴퓨터 과학자이자 프로그래머로 링어스 시리즈는 놀랍도록 다양한 변형이 있는 선이나 문자열이 점 주위를 도는 촘촘한 구성으로 이루어져 있다. 아트블록에서 기획한 이 프로젝트는 공식적으로 수백만 달러까지 달했다. 불행히도 총 천 개의 오브제 중 내가 가진 건 하나도 없다. 그 당시 나는 마우스에 손가락을 대고 3이더에 하나를 사고 싶었지만 내게는 너무 비쌌다. 이 세계사람 누군가는 이제 내게 이렇게 말할 것이다. "NGMINot Gonna Make It의 줄임말. 투자나 관련 프로젝트에 실패했음을 의미. 넌 실패했어."

텍사스 디지털 아티스트이자 화가 타일러 홉스의 작품은 전혀 다른 모습이다. 그의 '피덴자Fidenza' 시리즈는 튜브, 가닥 또는 직사각형이 거의 유기적으로 짜여진 999개의 컬러 이미지로 구성되어 있다. 과연 누가 알고리즘이 이런 예측할 수 없을 것 같은 시각적 혼돈을 만들어낼수 있을 것이라 생각이나 했을까? (그리고 과연 누가 괴짜들이 그렇게 멋질 수 있다고 생각이나 했을까?) 덧붙이자면 피덴자 시리즈의 '튤립The Tulip'이라는 작품은 330만 달러한화 약 39억 9,135만 원에 주인이 바뀌었다. 홉스는 제너러티브 아트 세계에서 가장 잘 알려진 예술가 중 한 명이다. 역시 오픈씨 사이트에서 해당 컬렉션을 찾을 수 있다.

> 글쎄, 자세히 보면 볼수록 제너러티브 아트는 자의적으로 보이는데? 모든 게 마치 컴퓨터가 연쇄적으로 뱉어내는 것 같아, 예술이라면 그래도….

> 시리즈 예술이 컴퓨터 시대에만 존재한 것은 아닙니다. 알렉세이 폰 야블렌스키Alexej von Jawlensky(1864년 출생)는 후기 작품에서 동일한 그래픽 요소를 체계적으로 변화시키는 일련의 추상적인 머리들을 그렸습니다. 지금이라면 그는 아마 제너러티브 예술을 실험하지 않을까요? 바실리 칸딘스키Wassily Kandinsky 역시 그래픽 요소를 사용하여 '구성'이라는 일련의 그림을 제작했습니다. 그리고 20세기의 가장 중요한 화가 중 한 명인 잭슨 폴록Jackson Pollock이 '액션 페인팅'을 그리면서 캔버스에 거칠게 페인트를 튀기는 짓을 하지 않고 자신의 표현주의적 추상화를 코드로 만들었다면 아내와의 부부 싸움이 좀 줄지 않았을까요?

디지털이든 아날로그이든 예술 세계는 다채롭고 다양하며 예측하기 어렵다. 클래식 미술 사업은 저명한 수집가, 학위를 가진 미술 전문가, 경험 많은 갤러리 소유자 및 기존 박물관이 지배한다. 크립토아트는 이 같은 기존 틀을 뛰어 넘는다. 그것은 (여전히)무정부적이고 동시에 기존 시장보다 더 민주적이다. 이제 크리스티 경매에 입찰할 필요도 없고, 전문가들과 연락하거나 갤러리를 둘러볼 필요도 없고, 후드티와 낡아빠진 운동화 때문에 다른 사람의 웃음거리가 될 필요도 없다. 내 집 소파에서 시장을 둘러보고 예술 작품을 구입할 수 있는 것이다.

동시에 NFT 아트는 단기적으로 가격을 상승시키는 암호화폐와의 결합을 통해 새로운, 투기적인 이해 당사자들의 흥미를 끌고 있다. 여기서 게임을 하려면 이 모든 것을 알아야 한다. 보장된 것은 아무 것도 없다. 하지만 가능성은 무한하다.

NFT의 가치에 영향을 미치는 것은 무엇인가?

마지막으로 작품을 평가하는 데 도움이 되는 체크리스트를 소개한다. 또한 오픈씨와 같은 판매 플랫폼을 자세히 소개하는 다음 장에서는 어떤 핵심 데이터를 검색하면 가치 추이를 쉽게 파악할 수 있는지 알아보겠다. 하지만 가장 중요한 요인, 즉 '작품이 마음에 드는가?' 하는 요인에 대해서는 체크리스트나 판매 통계도 필요 없다. 자신이 멋지다고 생각하는 예술 작업은 당신에게는 결코 가치가 없지 않다. 아무도 큰 액수를 제안하지 않더라도, 스스로는 항상 그것을 보고 즐길 것이다. 그리고 언젠가는 분명 그것을 자랑스럽게 살고 있는 아파트 스크린에 상연할 것이다.

크립토아트 체크리스트
흥미로운 투자가 될 수 있을까?

	예	아니오
평소 느낌대로, 이 작품이 마음에 드는가?	☐	☐
새롭고 독창적인가?	☐	☐
배후의 아티스트나 팀이 이미 NFT 분야에서 이름이 있는가? * 위험 신호 : 익명의 팀(항상은 아니다. 지루한 원숭이 요트 클럽의 사례를 참고할 것)	☐	☐
인정받는 전통 예술가가 그 뒤에 있는가?	☐	☐
NFT 팀, 크립토 아티스트 또는 기존 아티스트의 기존 작품이 높은 가격에 거래되고 있는가?	☐	☐
암호화폐 분야의 인플루언서가 트위터와 디스코드에서 이 작업에 관심이 있는가?	☐	☐
이 분야 스타들이 이미 이 팀 또는 아티스트의 작품을 수집하고 있는가?	☐	☐
프로젝트에 추가적인 가치를 더하는 유틸리티*가 존재하는가? * 예시: 독점적인 활동 그룹 또는 행사 입장 티켓	☐	☐
팀 또는 아티스트가 마찬가지로 활동적인 수많은 팔로워를 거느린 트위터나 디스코드 계정을 갖고 있는가? (소셜 봇Bot 을 조심할 것)	☐	☐

예를 들어 크립토펑크의 디스코드 같은 관련 디스코드 서버의
유저들은 이 프로젝트에 대해 어떻게 말하고 있는가?

예술에 관심이 있는 커뮤니티가 그 프로젝트의 내용에 대해
토론하기 위해 거기서 만나고 있는가?
* 위험 신호 : 오직 돈에만 관심이 있다.

팀 또는 아티스트가 프로젝트에 대한 흥미로운 로드맵이 있는가?
* 예시: 계획된 협업, 이벤트, 회의 등

NFT에 대한
투자

실제적으로 어떻게 작동할까?

NFT가 이제 니프티 게이트웨이Nifty Gateway와 같은 일부 시장에서 미국 달러로 구입할 수 있다고 해도 NFT 비즈니스는 주로 암호화폐를 통해 수행되며, 특히 이더로 이루어진다. 하지만 많은 사람들에게 암호 세계는 멀게만 느껴진다. 반가운 소식은 이더나 비트코인 등을 사용하는 데 초인적인 능력이 필요한 건 아니라는 점이다. 이것은 마치 자동차 운전과 같다. 처음에는 스트레스를 받을지라도, 조금 지나면 그저 일상에 지나지 않는다. 이 장에서는 암호화폐 세계에 필요한 운전 연수를 받게 된다. 그러니 안전벨트를 매고 출발해보자!

유로를 이더리움으로 교환하기
: 암호화폐 거래소

유로를 이더 같은 암호화폐로 교환하려면 거래소_{환전소}로 간다. 이는 증권 거래소에서 거래되는 주식 투자와 같다. 암호화폐도 많은 투자자에게 투자 대상이다. 그리고 NFT의 가격 동향 역시 이더 환율에 의해 주도된다는 점을 이미 언급한 바 있다. 암호화폐 부문에서 거래소는 두 가지 형태로 구분된다.

- CEX(중앙 집중식 거래소)
- DEX(분산형 거래소)

CEX 뒤에는 구매 및 판매를 처리하고 일반적인 지원을 제공하는 전통적인 회사들이 있다. 여기서는 회사의 이익 창출을 위해 사용자 편의성을 고려한다. 이 말은 입문자도 길을 찾기가 더 쉽다는 뜻이다. CEX의 예로는 바이낸스Binance, 비트판다Bitpanda, 바이넷BuyNet, 코인베이스Coinbase, 크라켄Kraken이 있다.

반면에 DEX는 한번 설정되면 자동으로 계속 실행되는 블록체인 기반 프로그램이다. 다시 말해, 질문이 있어도 문의할 수 있는 기관이 없다는 뜻이다. 그러나 DEX는 분산화를 통해 해킹을 더 어렵게 할 수 있으며, 일반적인 재정 감독의 대상이 아니기 때문에 수수료는 더 낮아지고 투자자는 익명성을 누린다. 덧붙이자면 이 익명성은 누군가가 CEX 한 곳에 돈을 보내 현금화할 때까지만 보장된다. DEX의 예는 유니스왑Uniswap, 스시스왑SushiSwap, 팬케이크스왑PancakeSwap 또는 1인치 거래소1inch 등이다. 잘 알려진 모든 암호화폐는 CEX에서 거래된다. 반면에 새로운 코인은 종종 처음에는 DEX에서만 구입할 수 있다. 궁극적으로 가치가 상승하면 CEX에서도 사용할 수 있다. 일반적으로는 가격이 계속 상승한다.

예시 : 크라켄 거래소

나는 웹사이트상 이해하기 쉬운 크라켄 거래소에서 유로를 암호화폐로 교환한다. 따라서 이것을 예시로 사용하여 암호화폐 거래소의 기능을 설명하겠다. (물론 거래에 대해 다른 공인 거래소를 선택할 수도 있다.)

● **한국어판 독자들에게** 크라켄은 미국의 암호화폐 거래소로, 비트코인 거래소 중 유로화 기준 거래량 2위를 기록하고 있으며 유로화 외에도 달러화, 엔화, 파

운드화 등이 거래된다. 이 책은 필자의 경험에 따라 크라켄 거래소를 예시로 설명한다. 거래소의 기능을 이해하는 용도로 참고삼아 읽되, 불필요하다고 판단되면 다음 챕터123페이지로 넘어가도 좋다.

한편, 한국에서는 2020년 3월 25일부터 소위 '트래블룰'이 시행되어 100만 원 이상의 가상자산을 송금하기 위해서는 송수신자의 신원 정보를 의무적으로 제공해야 한다. 즉, 익명으로 보낼 수 없으며 명의 인증이라는 다소 번거로운 절차가 필요하게 되었다. NFT 민팅을 위해서는 거래소에서 암호화폐이더리움, 클레이튼 등를 사서 지갑에 보내야 하는데, 100만 원 이상 송금에 제한이 생기니 신규 투자자로서는 진입 장벽이 높아진 셈이다. 100만 원 미만은 기존과 마찬가지로 자유롭다. 이와 관련해서는 거래소마다 약간의 차이가 있으므로, 사용하는 거래소의 정책 및 송금 가능한 지갑과 거래소, 그리고 앞으로 추가될 지원 서비스들을 살펴볼 필요가 있다.

크라켄 거래소는 피도르 은행Fidor Bank을 통해 거래를 처리한다. 그렇다고 해서 거기에 계정이 있어야 한다는 뜻은 아니다. 하지만 다음과 같은 점을 아는 것은 중요하다. 크라켄이나 다른 CEX에서 비트코인, 이더 또는 기타 코인을 유로화로 구매하면 본인의 비트코인 또는 이더리움은 크라켄의 디지털 월렛지갑 중 하나에 보관된다. 그밖에 이러한 지갑도 마찬가지로 공개적으로 볼 수 있다. 크라켄 거래소의 디지털 '계정 명세서'에 나타나더라도 암호화폐를 완전히 제어할 수는 없다.

만약 크라켄 거래소가 오프라인이 되거나 해킹을 당하면 모든 것이 사라질 것이다. 파산 위협을 받으면 더 이상 예금을 찾을 수 없지만 예금 보험이 일반적으로 최대 100,000유로_{한화 약 1억 3,296만 원}까지 적용되는 현실의 거래 은행과는 전혀 다르다.

메타마스크와 원장

암호화폐 세계에는 'Not your keys, not your coins.'라는 말이 있다. 번역하면 '개인 액세스 키_{개인 키}가 없으면 자기 돈이 아니다.' 정도의 뜻이다. 액세스 키가 있는 내 개인 월렛에 이더, 비트코인 또는 기타 코인을 보관하는 경우에만 실제로 나의 '소유'이고 안전하게 보관된다. 당연히 액세스 데이터를 조심스럽게 다룬다는 전제 하에 그렇다. 쉽게 생각하면, 전통적인 뱅킹에서 지갑의 측면 혹은 주머니에 신용 카드 비밀번호가 적힌 쪽지를 절대 같이 보관하면 안 되는 것과 마찬가지다. NFT 영역에서 가장 널리 보급된 개인 월렛은 다음 섹션에서 설명할 메타마스크이다. 그러니까 절대 크라켄이나 다른 암호화폐 거래소에 돈을 남겨두어서는 안 된다. 대신 블록체인의 월렛 주소로 돈을 이체하면 메타마스크로 액세스할 수 있고, 오픈씨와 같은 적절한 판매 플랫폼에서 NFT를 구입할 수 있다. 이것 역시 나중에 자세히 설명하겠다.

메타마스크에 대한 액세스는 '원장'이라는 일종의 USB 스틱을 사용하여 추가로 보호할 수 있다. 이 USB 스틱은 월렛이 아니라 할당된 24개 단어의 무작위 시퀀스를 사용하는 상당히 정교한 암호화인 월렛의 열쇠일 뿐이다. 이것은 디지털 방식이 아니라 잘 숨겨진 종이에 보관해야 한다. 이 스틱은 무조건 www.ledger.com에서 제조업체로부터 직접 구매해야지 절대 다른 데서 구매하거나 사용하면 안 된다.

또 원장 없이 메타마스크를 사용할 수도 있다. 그렇게 하려면 메타마스크를 설정할 때 자기 자신에게 암호를 할당해야 한다. 이때 매우 안전한 암호를 사용하는 것이 좋다. 당연한 말이지만 '1234'나 '0000' 같은 건 피해야 한다. 이 비밀번호를 분실한 경우에는 소위 시드 구문을 사용하여 계속적으로 메타마스크를 복구할 수 있다. 이 경우에 시드 구문은 '단' 12단어로, 마찬가지로 종이에 적어두어야 한다. 이건 제발 온라인에 저장하지도 말고, 사진도 찍지 말고, 인터넷에 아무데나 입력하지 말아야 한다. 제발! 종이 한 면에 여러 가지로 궁리해가면서 이 12개 단어를 어디에 적어둘까 고민하기 전에 100% 알고 신뢰하는 사람과 상의하길 바란다.

크라켄에 등록하기

나처럼 암호화폐 거래소로 크라켄을 사용하기로 결정했다면 등록할 때 완벽하게 인증하는 것이 가장 좋다. 말한 것처럼 다른 거래소를 이용해도 된다. 내 경험에 따르면 크라켄은 매우 안정적이며 필요할 때 지원도 신속하게 반응한다(이런 경우는 오히려 드문 일이다). 등록할 때 크라켄은 '입문자' 버전과 '중급' 버전, 그리고 가장 포괄적인 버전인 '프로' 등 세 가지 검증 옵션을 제공한다. '프로'는 이체에 제한이 없고 하루에 최대 1천만 개까지 예약할 수 있다는 장점이 있다. 이게 정말 실용적일지 아닐지 누가 알겠는가? 어쩌면, 당신의 NFT가 어느 날 가격이 엄청나게 오르는 날이 올지. 그럴 때 한도 제한 때문에 판매를 할 수 없게 되는 일은 없을 것이다.

그래서 내가 하고 싶은 충고는 한번 고생하더라도 인증 과정을 완벽하게 마치란 얘기다. 더욱이 금융 기관은 KYC 원칙Know your customer에 따라 이러한 검증을 수행할 의무가 있다. 단, 주의할 점이 하나 있다. 크라켄에 당신의 사진, 신분증 등으로 등록 및 인증을 마친 후에는 입금이 가능하다. 하지만 예를 들어 메타마스크에 이더 송금이 가능할 때까지는 먼저 72시간을 기다려야 한다. 이는 첫 입금의 경우에만 해당되며 이후에는 다시는 없다. 그러니 새로 구입한 아름다운 이더를 메타마스크로 전송할 수 없다고 해서 짜증 내지 말라!

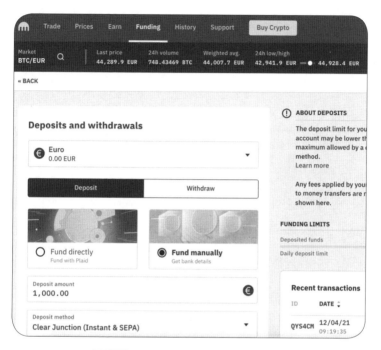

그림 14 암호화폐 거래소 크라켄으로 유로 이체

덧붙여서, 기술적으로는 이더가 메타마스크로 전송되는 것이 아니라, 단지 메타마스크로만 액세스할 수 있는 월렛 주소로 전송되는 것이 맞다. 그렇지만 지금부터 '이더를 메타마스크로 전송한다'라고 표현하겠다.

자신의 계정에서 크라켄으로 유로 이체

내 계정 스크린샷그림 14 참조을 보며 이체와 관련하여 몇 가지 중요한 용어를 알아보자. 유로를 크라켄으로 이체하려면 맨 윗줄의 **자금**Funding 으로 들어간 다음, 왼쪽 열의 **예금**Deposit으로 들어간다. 여기에 이체하려는 유로 금액을 입력할 수 있다. 나는 즉시 전송으로 보내는 경우가 대부분이기에 아래 라인에서 **Clear junction** Instant & SEPA을 선택한다. 그러면 당신의 돈이 이체될 은행 정보주소가 있는 Payward Ltd.가 아래에 표시되고, 그다음 지불의 개별 참조 번호Reference가 나타난다. 이 참조는 중요하므로 송금 해당 부분에 정확하게 입력되어야 한다.

- **주의사항** : 같은 금액을 크라켄에 여러 번 이체해서는 안 된다. 예를 들어 오늘 1,000유로한화 약 132만 원, 내일 다시 한번 1,000유로, 모레 또 세 번째로 같은 금액을 이체하지 말라. 크라켄은 동일한 액수가 반복되면 오류잘못된 이중 전송로 인식하고 이러한 작업을 중지시킨다. 그렇게 되면 Success , 즉 성공적인 거래에 대한 '성공' 대신 On Hold보류가 오른쪽의 거래 목록에 나타난다. 이 경우 거래를 완료하려면 영업일 기준 2일 이내에 크라켄 지원팀에 연락해야 한다. 1,000유로를 3회 연속 이체하지 않고 1,000유로, 999유로, 1001유로또는 이와 유사한 방식으로 송금하면 이같은 불필요한 거래 지연을 쉽

게 방지할 수 있다. 덧붙이자면 이것은 더 긴 간격으로 이체하는 경우에도 적용된다. 혼동을 피하기 위해 동일한 액수를 이체해서는 안 된다.

크라켄에서 유로를 이더리움으로 전환

자, 이제 크라켄으로 이체한 유로를 어떻게 이더로 바꿔야할까? 먼저 Funding자금으로 돌아가 Recent transactions최근 거래에서 돈이 도착했는지 확인한다. 전송된 합계는 오른쪽 열에 Success성공으로 표시된다. 전환하려면 왼쪽 상단의 Trade거래 버튼으로 이동한다. 각 통화 쌍은 Market마켓 키워드 아래 상단에 표시된다. 옆에 있는 돋보기를 사용하여 찾고 있는 통화를 선택할 수 있다이 경우 ETH/EUR. 주문 옵션을 선택하는 데, 이때 simple제한 없음이 우리 목적에 부합한다. limit제한은 1이더에 대한 구매 가격의 상한선을 의미한다. 즉, '1이더를 ○유로 이하로 구입한다'라고 말하는 것이다. 이더 가격이 오랫동안 이 한도를 초과하면 주문이 지연되거나, 심지어 설정한 한도 이상으로 지속되는 경우에는 완전히 차단된다. 나는 NFT를 구매하기 위해 비교적 빨리 이더를 얻고 싶기 때문에 대개 시장 가격으로 주문하고 Market시장을 선택한다. 교환하려는 유로 금액에 따라 Amount금액 아래에 해당 이더 합계액을

그림 15 크라켄에서 유로를 이더리움으로 교환

입력한다. 즉, 소수점 이하 자릿수를 줄이거나 늘린다. 소수점은 크라켄의 경우 (그리

고 미국에서 발행된 암호화폐 분야에서는 매우 자주)콤마가 아니라 점으로

표시된다즉, '2,1ETH'가 아니라 '2.1 ETH'. Total총액 아래 교환할 유로 액수가 나

타나면 'Buy ETH with EUR유로화로 이더리움 구매'를 클릭한다. 현재 시세

구매이기 때문에 이러한 과정은 번개같이 빠르게 이루어진다. 먼저 입

력된 모든 데이터를 다시 확인할 수 있는 제어창이 나타난다. 모든 것

이 정확하다고 판단될 때 Submit Order주문 실행을 클릭하면 바로 주문

이 이루어진다. 이것은 Closed Orders주문 완료 제목 아래에서 볼 수 있

다. 해당 거래는 목록 상단에 표시된다. 다시 Funding자금으로 들어가면 Account Balances잔액 목록에서 내 유로 액수는 줄고, 이더리움 액수는 더 늘었거나 아니면 이제야 처음으로 표시된 걸 확인할 수 있다.

많은 시간과 성가신 일을 절약할 수 있는 또 다른 팁이 있다. 이더 시세가 당황스러울 만큼 높은 금액으로 표시된다면 비트코인 시세가 잘못 표시될 수도 있다. 이것은 버그, 즉 크라켄이 어떻게든 파악하지 못하는 프로그래밍 오류다. 이럴 경우 상단의 Market 아이콘 옆에 있는 원형 화살표를 클릭하고 페이지를 새로 고침 하면 된다. 그러면 정상이 된다.

자, 이렇게 해서 당신은 자랑스러운 이더리움 소유자가 된 것이다. 어려운 건 없다! 그럼에도 불구하고 '문제없이 되는구나'라는 확신을 가질 수 있도록 먼저 작은 금액으로 거래를 해보길 권한다. 그밖에 반드시 알아야 할 사항은 동일한 시스템 내에서만 암호화폐를 전송할 수 있다는 것이다. 이더리움을 비트코인 주소로 또는 그 반대로 전송하려고 하면 돈이 사라진다. 돌이킬 수도 없고, 다른 사람 손에 넘어가는 것도 아니다. 아마도 그 돈은 암호화폐 쓰레기가 되어 사이버 공간을 떠돌아다닐 것이다.

내 설명이 조금 어려운가? 그렇다면 크라켄의 **서포트**support 카테고리를 참고하라. 영어또는 중국어, 프랑스어, 포르투갈어, 스페인어를 잘 하면 거기에서 더 많은 정보를 찾을 수 있다. 또한 나는 내 NFT 멘토링 과정의 회원들을 위해 거래 과정을 보여주는 두 개의 비디오를 게시했다. 내 멘토링에 관심이 있거나, 회원들과의 짧은 대화 속에 담긴 정보가 궁금하다면 참고하길 바란다. 멘토링 예약은 https://covl.io/nft에서 가능하다.

암호화폐 저장
: 메타마스크와 같은 월렛

 '월렛Wallet'은 디지털 지갑이다. 예를 들어 NFT를 구매하거나 분산 금융 거래를 처리하기 위해 암호화 비즈니스에 참여하려면 이 정보가 필요하다. 메타마스크는 가장 오래된 이더리움 월렛이며 전 세계적으로 2,100만 명 이상의 사용자를 보유하고 있고, 가장 널리 퍼져 있다. 메타마스크의 가장 큰 장점은 바로 이 월렛을 사용할 수 있다는 것이다. 오픈씨 및 기타 분산 응용 프로그램과 같은 NFT 시장에 직접 도킹해 몇 번의 마우스 클릭으로 거래예를 들어 NFT 가격을 지불를 수행한다. 그러니까 매번 수고스럽게 이름과 주소 데이터를 입력할 필요 없이 월렛을 연동하기만 하면 된다. 덧붙이자면 이것은 어디에서나 사용자 이름과 비밀번호가 필요한 Web 2.0과 지갑을 연결하기만 하면 되는 Web 3.0 또는 간단히 Web3의 가장 큰 차이점 중 하나다. 기술적으로 메타마스크는 브라우저 확장Browser-Extention이다. 크롬 브라우저 외에도 파이어폭스firefox 및 엣지Edge, 브레이브Brave와 같은 다른 브라우저에서도 작동한다. 지금은 iOS 및 안드로이드용 휴대폰 애플리케이션도 있다. 시

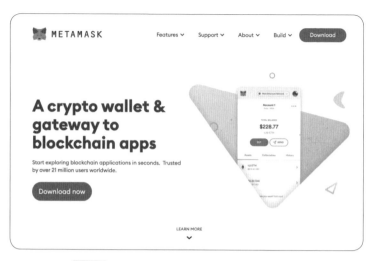

그림 16 메타마스크 초기 화면 (https:/metamask.io)

각적으로 주황색 여우 머리 그림으로 메타마스크를 식별할 수 있다그
림 16 참조. 하지만 보안상의 이유로 (보안된)PC에 설치하는 것이 좋다. 나
개인적으로는 휴대폰에서 메타마스크를 사용하지는 않을 것이다.

나만의 메타마스크 설정

메타마스크 설정은 비교적 간단하다. 어느 정도 일상적으로 인터넷
웹서핑을 하고 PC에 하나 이상의 응용 프로그램을 이미 설치해봤다면
메타마스크metamask의 설치 지침을 쉽게 따를 수 있다. 그럼에도 불구

하고 일을 더 쉽게 만들어 줄 몇 가지 팁을 소개하자면, 우선 실제 메타마스크 웹사이트에서만 다운로드하고 가짜 사이트에 속지 않는 것이 중요하다. 그러니까 이 회사의 정확한 웹 사이트 주소를 인지하고, 절대 구글로 검색하면 안 된다. 검색 결과를 통해 피싱 사이트로 연결될 수도 있기 때문이다. 만약 웹스토어로 바로 들어간다면, 앱 옆에 많은 수의 사용자가 표기되어 있어야 한다 현재 10,000,000명 이상의 사용자. 거기에 낮은 숫자가 나타나면 마찬가지로 가짜 사이트에 들어가는 것이다. 절대 구글을 통해 메타마스크를 검색해서는 안 된다. 피싱 사이트로 들어가 결국 12개의 단어를 입력하는 결과로 끝날 위험이 너무 크다.

응용 프로그램을 다운로드하면 암호를 생성하라는 메시지가 표시된다. 이 비밀번호는 이후 지갑과 아무 관련이 없으며 웹 브라우저 확장에만 적용된다. 그렇다 할지라도 (당연히)안전한 암호를 선택해야 한다. 소소한 전문가적 팁을 알려주자면, 좋은 암호 관리자를 사용하라. 이는 일반적인 앱 플랫폼에서 많이 찾을 수 있다. 여기에는 모두 보안 암호를 생성할 수 있는 기능이 있기 때문에 이를 사용하는 것이 가장 좋다. 그런 다음 사용 약관에 반드시 동의해야 하고, 이후 '설치' 버튼을 클릭할 수 있다.

안전이 최우선이다

이제 정말로 엄청나게 중요해진다. 메타마스크를 생성할 때 비밀 백업 키또는 시드가 할당된다. 이 시드 키는 12개의 단어로 구성된 무작위 시퀀스로 구성된다. 종이에 이 순서를 주의 깊게 적어라. 그렇다, 제대로 들은 것이다. 용지 한 장을 가지고 와 거기에 글자 한 자 한 자씩 또박 또박 쓴다. 가급적이면 연필로 적어두라. 색이 바래지지 않기 때문이다. 사진을 찍지 말고, 워드 파일이나 다른 디지털 미디어에 저장하지도 말라. 절대 그렇게 하지 말라. 그건 아예 생각초자 하지 말자. 제발 그렇게 하지 말라! 메모지. 종이. 잘 숨기기. 그게 다다.

무작위로 그리고 개별적으로 생성된 백업키는 금고의 열쇠처럼 작동하는 '개인 키'다. 이 키는 월렛 주소 및 블록체인의 콘텐츠에 대한 액세스 권한이기 때문에 백업키가 있는 사람은 누구나 문제없이 당신의 지갑을 열고 비울 수 있다. 만약 수백만 달러 상당의 NFT를 소유하게 됐는데, 모든 재산이 갑자기 사라진다면 얼마나 안타까운 일인가. '다른 사람 손에 넘어 간다면'이라고 하는 게 더 정확한 표현이겠지만.

따라서 백업키를 저장할 때는 지극히 구식으로, 철저하게 아날로그 방식으로 저장하는 것이 가장 좋다. 내 지인 중에 그렇게 하지 않고 키 사진을 찍어서 클라우드에 올려놓은 사람이 있다. '여기 황금이 들어있음!'이라고 적힌 상자를 질질 끌고서 강도들의 즐비해 있는 거리를 걸어가는 것만큼이나 멍청한 짓이다. 이는 당연히 해커든 강도든 마법처럼 나쁜 사람을 끌어들인다. 즉 월렛이 털릴 가능성이 높다. 그러니까 외눈박이가 자기 눈알을 지키는 것처럼 메타마스크 액세스를 적은 메모지를 잘 숨겨라. 어떤 이는 백업키를 여러 곳에 적어두되, 혹시 집이 불타 버릴 경우를 대비하여 집 이외의 다른 장소에도 숨기라고 조언한다. 메모를 냉동백에 보관하거나 쪽지를 코팅하는 것도 물에 의해 훼손되는 것을 방지하는 좋은 아이디어다. 어떤 방법을 쓰던지 필요할 때 키를 찾을 수 있도록 해야 한다. PC가 트럭에 치이거나 노트북이 도난당한 경우에도 그것만 있으면 월렛에 액세스할 수 있다.

　그리고 또 다른 보안 참고 사항을 들자면, 다이렉트 메시지DM를 통해 연락할 '메타마스크 지원'은 없다는 사실이다. (인도 콜센터가 담당하는 마이크로소프트의 고객 지원이 거의 없는 것과 마찬가지다.) 다시 한번 따라서 써보자. 트위터 또는 디스코드의 다이렉트 메시지를 통한 메타마스크 지원은 없다. 그리고 메타마스크에 대해 원한 것도 아닌데 진솔한 도움을 제공하는 모든 이메일도 사기다. 이들은 도움을 줄 수 있도록 컴퓨터의 잠금을 해제하라고 너무나 친절하게 요청하는 사람과 연결된다. 심지어는 원격으로 '지도'를 해주기도 한다. 진실은 당신의 월렛을 즉시 비워갈 수 있도록 스스로 돕고 있는 것이다. 메타마스크 웹사이트의 '고객 지원' 섹션에 있는 도움말로도 해결이 안 되면 개인적으로 알고 신뢰할 수 있는 사람에게 연락하는 것이 가장 좋다. 그래도 절대 백업키, 그러니까 12개 단어를 알려주어선 안 된다. 덧붙이자면 메타마스크의 지원 버튼을 통해 실제 메타마스크 서포트에 액세스할 수 있다.

백업키 및 월렛 주소 확인

백업키가 할당되면 '비밀 보안 문구를 확인하시오'라는 메시지가 표시된다. 이를 위해서는 자신이 받은 단어가 표시된 상자를 올바른 순서로 클릭한다. 이렇게 하면 끝난다. 이제 자신의 메타마스크가 설정됐다. 그러면 지갑 주소, 문자와 숫자의 긴 문자열이 '계정' 아래에 나타난다. 이것은 자신의 '퍼블릭 키', 즉 자신의 계정 번호처럼 볼 수 있는 자신의 '공개 키'이다. 이더스캔Etherscan 사이트에서 이 키를 입력하거나 아니면 메타마스크에서 Etherscan Main Net 버튼을 클릭하면 (월렛 주소를 알고 있는 다른 사람과 마찬가지로)모든 거래에 대한 개요를 받게 된다. 이 월렛 주소ENS 주소는 실생활에서 당신의 계좌 번호와 마찬가지로 다른 사람에게 알려줄 수 있다. 예를 들어 누군가가 당신의 메타마스크로 돈을 이체하기를 원하거나 경쟁 게임에 참여하기 요청하는 경우에 해당 된다. 당신의 ENS 주소를 사용하면 거래를 볼 수만 있고 액세스할 수 없다. 그리고 블록체인의 모든 것은 어쨌든 공개되니까 당신은

크라켄에서 송금 과정 시작

CRYPTO ASSETS ↕	MARKET PRICE ↕	AMOUNT ↕	VALUE ↕	ACTIONS
⬤ **Solana** Spot, Staking	154.31 EUR	50.69379 SOL	7,822.56 EUR	☆
⬤ **Ethereum** Spot	2,869.60 EUR	2.10041 ETH	6,027.34 EUR	⊥ ⊤ ⋮ ☆
⬤ **Cardano** Spot, Staking	2.10 EUR	1,520.871226 ADA	3,201.02 EUR	⊥ ⊤ ⋮ ☆
⬤ **Kava**	5.47	522.843609	2,859.05	⌃ ⌃ ⌃ ⌃

그림 17 크라켄에서 이체 시작

비밀을 누설한 것이 아니다. (자신의 메타마스크를 만드는 단계별 방법을 비디오로 보려면, 유튜브 카일 호스의 '메타마스크 전체 사용 지침'을 추천한다).

크라켄에서 메타마스크로 이더 전송

이론적으로는 **구매** 버튼이 있기 때문에 메타마스크의 시작 페이지에서 이더를 구매할 수도 있다. 그러나 상대적으로 높은 거래 수수료를 물어야 한다. 따라서 크라켄과 같은 암호화폐 거래소에서 이더를 주문하고 거기에서 메타마스크로 전송해야 한다. 이체를 위해서는 크라켄 상단 바의 Funding자금으로 이동한 다음 이더의 잔액을 표시하는 열로 이동한다. 위를 가리키는 오른쪽 화살표를 클릭하면 Withdraw문자 그대로 '출금, 즉 '이체'라는 단어가 나타난다. 그러면 전송 데이터를 입력할 수 있는 페이지가 열린다그림 17 및 18 참조.

　Add new withdrawal address 새 출금 주소 추가로 가면 Description 설명을 입력하라는 메시지가 표시된다. 당신 이름의 메타마스크를 적으라는 의미라고 보면 된다. 그 아래 필드에서 공개 메타마스크 월렛 주소인 '공개 키'를 복사한다. 설명한 대로 이것은 일련의 긴 숫자와 문자로 구성된다. 이 숫자를 아주 주의 깊게 확인하라. 클립보드에 복사할 때 이런 주소를 다른 주소로 바꾸어버리는 트로이 목마가 있다. 그렇게 되면 당신 주소가 아닌 다른 주소로 돈을 보내게 된다. 그리고 이체할 금액을 입력한다Withdrawl Amount(출금액). 이미 설명한 대로 이것이 크라켄 거래소에서의 첫 번째 거래인 경우 첫 입금 후 72시간이 지나야 거래가 진행된다. 신규 월렛 주소로 최초 전송 후 크라켄에 입력해 둔 이메일 주소로 메시지가 온다. 메시지 내용은 예정된 이체 내용과 명시적으로 재확인하라는 요청이다. 물론 이 모든 것은 보안상의 이유이다. 이후에 크라켄에서 동일한 주소즉, 당신의 메타마스크로 전송하는 경우에는 이 중간 단계가 생략된다.

주의 : 마지막 중요한 보안 정보!

　이 모든 거래 과정을 극도로 조심스럽고 꼼꼼하게 진행해야 한다.

당신의 메타마스크 주소 입력

그림 18 크라켄의 이체 화면

메타마스크 주소와 같은 작은 오타는 심각한 결과를 초래할 수 있다. 잘못된 메타마스크 주소로 전송된 이더는 복구 불가능하게 손실된다. 그렇기 때문에 항상 메타마스크 주소를 메타마스크 계정에서 직접 복사하고, 크라켄의 해당 필드에 붙여 넣고 다시 한 번 주의 깊게 확인해야 한다. 새 주소에 금융 거래를 할 때 늘 그렇듯이 항상 작은 금액예를 들어 0.01이더으로 테스트하여 모든 것이 제대로 작동하고 돈이 실제로 도착하는지 확인해야 한다. 그런 다음에야 비로소 더 큰 금액을 보내야 한다. 일단 잘 작동했다면 이후에 매번 이렇게 할 필요는 없다. 그리고 동일한 네트워크 내에서만 전송할 수 있다는 걸 잊지 말라. 비트코인을 이더리움 지갑으로 이체한다면 그 코인은 사라질 것이고 아무도 당신이 그것을 되찾도록 도울 수 없다. 당신이 전화할 수 있는 사람이 아무도 없다.

NFT 구매하기
: 가장 중요한 거래 플랫폼, 오픈씨

우리에겐 이제 메타마스크가 있고 이더리움이 있다. 그럼 이제 시작할 수 있다! NFT를 구매할 수 있는 다양한 플랫폼을 소개할 때가 온 것이다. 오픈씨는 현재 NFT의 가장 큰 거래 장소이기 때문에 오픈씨에 대해 가장 자세히 설명하겠다.

오픈씨는 NFT를 위한 이베이eBay와 같다. 즉, 2차 시장이다. 물론 오픈씨를 통해 직접 NFT를 생성할 수도 있지만Create, 여기서는 그 쪽은 자세히 다루지 않겠다. 오픈씨에서 재미를 위해 사진을 NFT로 '민팅_{종종 비교적 저렴한 가격으로 발행}'할 수 있다. 그건 사실상 설명이 필요 없다. 나는 이미 이전에 많은 프로젝트가 제작자의 웹사이트에서 직접 시작되고, 그런 다음 NFT를 민팅 할 수 있다고 설명한 바 있다. 이것은 1차 시장이다. 프로젝트가 사이트 자체에서 매진되면 일반적으로 2차 시장, 보통 오픈씨에서만 구입할 수 있다. 많은 PFP-NFT 아티스트 또는 발행인들은 판매 직후 오픈씨 웹사이트로 연결된다. 그리고 이러한 NFT를 안전하게 구매하려면 프로젝트의 공식 웹사이트나 디스코드의 오픈씨 링크만 사용해야 한다. 2017년 말에 설립된 오픈씨는 최초의 NFT 마켓플레이스이다.

장난스럽게 시작하기

오픈씨는 사용하기 쉽다. 이 사이트는 구매자가 한 NFT의 잠재적 가치를 판단하는 데 유용한 일련의 검색 및 정렬 기능을 제공한다. 활용법을 익히려면 그 모든 기능에 장난스럽게 접근하는 것이 좋다. 가장 좋은 방법은 기능을 시험해보고 저렴한 NFT를 구입하는 것부터 시작하는 것이다. 심지어 공짜로 받을 수 있는 무료 NFT도 많이 있다. 하지만 여기에는 이더리움 네트워크의 활용에 따라 변동하는 거래 수수료인 '가스비Gas Fee'가 발생한다. 따라서 무료 NFT도 완전히 공짜는 아닌 것이다.

NFT를 구입하려면 먼저 메타마스크를 오픈씨 사이트에 연결해야 한다. 이렇게 하려면 시작 페이지의 오른쪽 상단 모서리에 있는 구식 지갑 아이콘을 클릭한다그림 19 참조. 그런 다음 필요한 단계들을 거쳐 메타마스크로 들어가게 된다. 오픈씨의 판매 목록 개요를 보려면 Explore탐색 버튼을 사용하여 예술, 음악, 트레이딩 카드 또는 프로필 사진수집품과 같은 다양한 범주의 NFT를 볼 수 있다. 또한 다양한 기

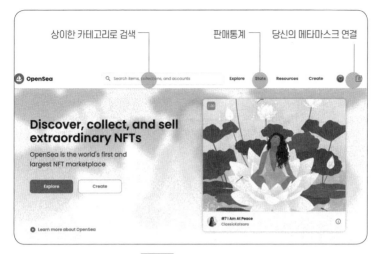

상이한 카테고리로 검색   판매통계   당신의 메타마스크 연결

그림 19 오픈씨 초기화면

간24시간, 7일 등의 판매 순위를 추적하는 데 사용할 수 있는 Stats통계 버튼도 흥미롭다. 예를 들어, 녹색 및 빨간색 백분율 표시기를 사용하여 현재 판매량이 높은 NFT와(이는 가격 상승을 의미할 수도 있다) 수요가 적은 NFT를 확인할 수 있다. 꼭 알아야 할 사실은 NFT 제목 오른쪽에 있는 파란색 배경의 체크 표시는 그것이 '검증된' 컬렉션임을 나타낸다. 이 체크 표시가 없으면 가짜이거나 아직 출시된 지 얼마 안 돼 파란색 체크 표시를 받기 위해 필요한 거래량 임계값인 100이더 문턱을 넘지 못한 컬렉션이란 표시다. 종종 사진 합성을 이용해 프로젝트 이미지에 파란색 체크 표시를 삽입해 마치 진짜 파란색 체크 표시인 것처럼 속이려는 사기꾼이 있으니 조심하라. 이런 경우 파란색 체

크 표시가 있긴 있지만 잘못된 위치예: 오른쪽이 아니라 왼쪽에 있을 수도 있다. 이럴 경우를 대비해 나만의 기억법을 활용해보라. '파란색 체크 표시가 오른쪽에rechts 있으면 모든 것이 합법rechtens, 파란색 눈금이 왼쪽에links 있으면 왼쪽 숫자linke Nummer'. 하지만 오른쪽에 있는 파란색 체크도 항상 주의 깊게 살펴보고 프로젝트의 프로필 사진에 합성으로 삽입된 건 아닌지 확인하라. 너무 안쪽으로 들어와 있다면 합성된 것이다. 가장 좋은 방법은 파란색 체크 표시 위에 마우스 포인터를 대보는 것이다. 그러면 오픈씨가 '검증된 컬렉션'이라고 알려준다. 내 월렛인 'Warrenhimself' 또는 'Warrenvault'에 들어있는 진짜 NFT로 첫 번째 프로젝트 검증을 해 봐도 괜찮다.

오픈씨가 개별 NFT에 대해 알려주는 것

그냥 클릭만 해도 특정 NFT에 대한 정보를 얻을 수 있다. 예를 들어 그림 20은 '지루한 원숭이들' 중 하나의 스냅샷을 보여준다. Properties 속성을 클릭하면 시리즈에서 특정한 특성을 가진 다른 원숭이의 수를 보여주는 작은 창이 나타난다. 예를 들어 지루한 원숭이의 0.8%만이 포주 코트Pimp Coat를 입고, 1%만이 이 파티 모자를 착용한다. 경험 법칙에 따르면 개별 기능이 희귀할수록 보통 그 NFT는 더 가치가 있다.

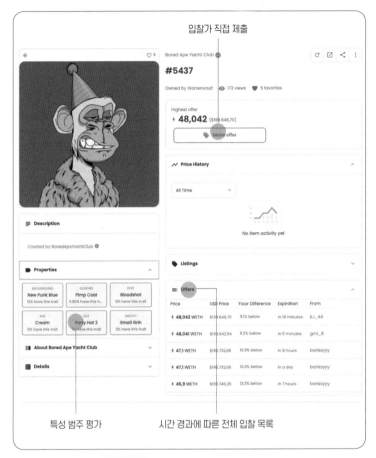

입찰가 직접 제출

Bored Ape Yacht Club ⬡
#5437
Owned by Warrenvault 👁 173 views ♥ 5 favorites

Highest offer
◆ **48,042** ($199,646.70)

🏷 Make offer

📈 **Price History**

All Time ⌄

No item activity yet

☰ Description

Created by BoredApeYachtClub ⬡

🏷 **Properties** ⌃

BACKGROUND	CLOTHES	EYES
New Punk Blue	Pimp Coat	Bloodshot
12% have this trait	0.80% have this tr...	8% have this trait

FUR	HAT	MOUTH
Cream	Party Hat 2	Small Grin
6% have this trait	1% have this trait	3% have this trait

📑 About Bored Ape Yacht Club ⌄

📑 Details ⌄

🏷 Listings ⌄

☰ **Offers** ⌃

Price	USD Price	Floor Difference	Expiration	From
◆ **48,042** WETH	$199,646.70	9.1% below	in 19 minutes	KJ_44
◆ **48,041** WETH	$199,642.54	9.2% below	in 5 minutes	gmi_8
◆ **47.1** WETH	$195,732.06	10.9% below	in 8 hours	banksyyy
◆ **47.1** WETH	$195,732.06	10.9% below	in a day	banksyyy
◆ **45.9** WETH	$190,745.25	13.2% below	in 7 hours	banksyyy

특성 범주 평가   시간 경과에 따른 전체 입찰 목록

그림 20 오픈씨의 NFT 세부 정보 페이지

1% 미만의 가치는 아주 흥미롭다. 또 각 NFT에서 입찰가 전체를 볼
수 있다. '미스터 #5437'의 경우 희귀 속성traits인 모자와 모피 코트 덕
분에 47이더스크린샷 당시 200,000달러 이상 가격 이상의 입찰이 이어지고 있

고, 현재 실시간 입찰가는 71이더다. 조금 더 내려가면Item Activity 아래 각 NFT에 대한 판매 내역도 표시된다. 이 경우에는 내가 이 원숭이를 직접 민팅한 다음 내 'Warrenhimself' 월렛에서 'Warrenvault' 월렛으로 밀어 넣었기 때문에 판매 내역이 매우 짧다. 하지만 내가 가장 좋아하는 이 투자를 오랫동안 보유할 계획이기 때문에 이 짧은 판매 이력에는 앞으로도 아무런 변화가 없을 것이다. 다른 경우라면 NFT 소유자가 이미 여러 번 바뀌었는지 여부와 가격 추이를 볼 수 있다.

입찰 및 경매

입찰을 직접 하고 싶다면 Make Offer매수 호가 주문 버튼을 통해 무료로 할 수 있고 입찰 유효기간도 명시할 수 있다. NFT 소유자는 클릭한 번으로 언제든지 이 입찰을 수락할 수 있으며, 그다음 구매는 몇 초만에 즉시 처리된다. 소유자가 수락하지 않는 한 언제든지 제안을 취소할 수 있다. 주의할 점은 오퍼를 넣을 때와 달리 취소 시에는 비용, 즉 가스비가 든다. 그러니까 만일 무분별하게 입찰하고 나서 제안을 철회하게 되면 비용이 커질 수 있다. 정상 가격보다 훨씬 낮은 매도 호가 배후에는 종종 수백, 심지어 수천 개의 시장가보다 낮은 자체 입찰가를 제시하는 프로그램이 있다. 추측컨대 이들은 소유자가 급히 돈이 필요해 시장가 이하로 판매하거나 혹은 종종 발생하는 일로, 자기 NFT의 진정한 가치를 인식하지 못하고 불행히도 '블루 모리셔스'를 1,000이더 대신 0.25이더에 판매하는 것이다.

개별 입찰 외에도 오픈씨에는 두 가지 유형의 경매가 있다. '잉글리쉬 옥션'에서는 평소와 같이 최고 입찰자에게 낙찰된다. 반면에 '더치 옥션'DA에서는 가격이 시간이 지남에 따라 떨어지므로 너무 일찍 낙찰받지 않는 것이 중요하다. 이것이 '네덜란드 경매'라고 불리는 이유는 네덜란드 혹은 독일 박람회에서 꽃이 경매되는 방식과 유사하기 때문이다.

이더와 랩드이더

꼭 알아야 할 건, 아주 쓸모 있는 작은 트릭이 하나 있다는 점이다. 이더ETH 대신 랩드이더Wrapped Ether, WETH로 오픈씨에 입찰하는 경우 하나의 랩드이더로 수십, 수백 개의 입찰을 할 수 있다. 이때 매수 주문 하나가 수락되고 랩드이더를 지불해야지만 다른 곳에서 당신의 매수 주문을 수락할 수 없다. '랩드이더'는 글자 그대로 '포장된 이더'를 의미한다. 이더 외에 랩드이더가 존재하는 이유를 자세히 설명하려면 지면이 부족하다. 다만 랩드이더는 이더와 다른 토큰 표준을 갖는다는 정도만 말하겠다. 환율은 일대일이므로 1이더는 항상 1랩드이더에 해당된다.

이더를 랩드이더로 교환스왑 하려면 분산 거래소DEX로 이동한다. 가장 잘 알려진 두 곳은 유니스왑Uniswap과 스시스왑SushiSwap이다. 다시 말하지만 이런 사이트를 방문하고 북마크에 추가해야지 구글에서 검색하면 안 된다. DEX에서 교환할 금액을 입력하고 해당 실행 버튼을 클릭하면 메타마스크가 열리고 나머지 모든 것을 처리할 수 있다. 처음 이더를 랩드이더로 스왑할 때 보통 메타마스크를 통한 두 개의 트랜잭션이 필요하다. 하나는 DEX가 내 월렛과 상호 작용할 수 있도록 먼저 승인하는 '승인 트랜잭션'으로 여기에는 가스비가 든다. 그런 다음 실제 트랜잭션인 '스왑 프로세스'가 시작된다. 이를 실행하기 위해서는 메타마스크에 두 번째 트랜잭션이 필요하다. 이것 또한 가스를 소비한다.

다음 스왑부터는 첫 번째 '승인' 트랜잭션은 더 이상 필요 없고 직접 스왑할 수 있다. 완료된 거래가 월렛에 즉시 표시되지 않는 경우 월렛 주소를 입력하여 이더스캔에서 확인할 수 있다. 덧붙여 내가 항상 추천하는 것은 여기에도 적용된다. 처음에는 실제로 원래 회사 웹 사이트에 있는지 확인하고, 첫 거래 시에는 항상 가스 비용을 두 배로 내는 한이 있더라도 소액으로 거래를 테스트하라.

유용한 기능 개요

오픈씨를 사용하여 특정 NFT의 가치를 구체적으로 평가할 수 있도록 여기 몇 가지 중요한 기능을 다시 한번 일별해 보자.

특정 NFT를 평가하기 위한 오픈씨의 유용한 기능	
사이트의 버튼	기능
Explore	여기서는 범주별로 정렬된 NFT를 표시하고 일반적인 개요를 볼 수 있다.
Stats(통계)	여기서는 카테고리 및 기간30일/7일/24시간별로 표시할 수 있는 Ranking판매 순위을 찾을 수 있다. 그런 다음 현재 특히 수요가 많은 부분과 판매가 증가하고 있는 부분을 볼 수 있다. Floor Price 단에는 현재 한 컬렉션의 NFT에 제안되고 있는 가장 저렴한 가격이 나타난다. 클릭하면 NFT가 가장 저렴한 가격부터 오름차순으로 즉시 정렬된다. Activity 에서는 현재 처리된 판매 목록과 현재 두 번째 항목에 나열된 NFT 목록을 보여준다.
Status	웹사이트의 링크를 통해 판매용Buy Now과 경매On Auction, 이미 입찰이 있는 것들Has Offers과 새로운 NFTNew 등, 본인이 목표로 하는 NFT를 찾을 수 있다.

만약 시리즈 하나를 클릭하면 여기 '지루한 원숭이 요트 클럽' 시리즈 예에서 보듯이 페이지 상단에서 먼저 일반적인 개요를 볼 수 있다. 여기서 검증된 컬렉션에 대한 고유의 파란색 체크 표시뿐만 아니라 10,000개의 원숭이10,0K items를 5,900명의 소유자5.9K owners 가 나누어 갖고 있는 현황, 그에 더해 실시간 이더 최소 가격43.7 floor price 및 거래량 240.1 volume traded도 확인 할 수 있다. 'volume traded'를 클릭하면 오픈 씨가 다양한 기간의 거래량을 보여준다. 곡선 그래프를 통해 한 NFT 또는 시리즈의 시장 가치가 현재 하락하고 있는지 아니면 빠르게 상승하고 있는지 확인할 수 있다.

Sort by

여기에는 웹사이트의 오른쪽에 다양한 카테고리에 따른 또 다른 정렬 기능이 있다. 각각 Price: Low to High 및 Price: High to Low 정렬 방식에 따라 선택한 카테고리의 NFT 가격이 오름차순 또는 내림차순으로 정렬된다. 주의할 점은 여기에서 표시되는 가격은 판매자의 요구액일 뿐, 반드시 인수해야 하는 가격은 아니다. 따라서 최근 판매 항목Recently Sold 분류 시 표시되는 실제 판매 및 가격을 확인해야한다. 거기에서 실제로 팔린 가격을 볼 수 있다. 그런 면에서 이 카테고리는 요구액만 반영하는 하한가Floor Price보다 더 의미가 있다. 가장 높은 곳에 위치한 마지막 판매는 이 시리즈에서 가장 비싸게 최근에 판매된 NFT를 보여주므로 좋은 가치 지표이기도 하다.

각각의 시리즈와 예술 작품에 대해 프로젝트 웹사이트 및 기존 소셜 미디어 채널인스타그램, 트위터, 디스코드에 대한 링크도 찾을 수 있다. 여기에서 제작자와 커뮤니티에 대한 중요한 정보를 찾을 수 있다. 팔로워가 많은 대규모 참여 커뮤니티는 잠재적으로 안정적인 가격 추이를 나타낸다. 커뮤니티의 역할에 대한 자세한 내용은 다음 장도 참조하길 바란다.

그밖의 마켓플레이스
: 라리블, 아트 블록, 니프티 게이트웨이 등

오픈씨에는 판매 물품이 거의 2천만 개에 달해 현재 2차 시장을 사실상 독점하고 있다. 그밖에 예술가들이 직접 작품을 판매할 수 있는 몇몇 1차 시장도 있다. 오픈씨도 마찬가지지만 재판매가 지배적이다.

라리블

라리블Rarible, https://rarible.com에서는 누구나 자신이 만든 NFT를 판매할 수 있고 진입장벽도 없다. 일차로 걸러지지 않는다. 이에 반해 유명 작가들이 작품을 선보이는 1차 시장은 큐레이트작품이 선정되고, 어떻게 전시할지 결정된다. 다음 섹션에서 몇 곳을 차례로 살펴볼 것이다. 오픈씨와 친구가 되었다면 라리블도 빠르게 적응할 수 있을 것이다.

기능은 비슷하다. 입찰하거나 고정 가격으로 구매하거나 아니면 라이브 경매에 참여한다. 라리블의 판매 수수료는 판매자와 구매자 모두에게 가격의 2.5%를 부과한다. 오픈씨는 동일한 수수료를 판매자에게 만 적용한다. 오픈씨와 마찬가지로 거래는 이더로 이루어진다.

아트 블록

아트 블록Art Blocks은 제너러티브 아트를 독점적으로 제공하는 대부분 큐레이트 된 플랫폼이다. 앞서 '제너러티브 아트 : 오토글리프에서 크로미 스퀴글까지' 장에서 상세하게 설명한 것처럼 이들은 모두 아티스트가 만든 코드를 기반으로 하는 컴퓨터 생성 작품 시리즈이다. 기술적으로 이런 시리즈는 무한하지만, 실제로는 고정된 수의 작품으로 제한된다.

아트 블록에서 구매자는 작가가 사전에 설정한 가격으로 발행민팅한다. 다시 말해 구매한 작품은 구매를 통해서만 구체화된다. 따라서 구입한 자신의 작품이 어떤 모습인지, 그리고 그것이 시리즈 중 더 주목을 끌지 그렇지 않을지 미리 알 수 없다.

큐레이트된 작품을 플랫폼에 한 번 선보인 아티스트는 'Artists Playground 아티스트의 놀이터'에서 큐레이트되지 않은 다른 작품도 제공할 수 있다. 구매는 라리블 또는 오픈씨와 마찬가지로 메타마스크 링크를 통해 가능하다. 아트 블록은 구매자에게 구매 가격의 10% 수수료를 부과하며, 이는 거래가 처리될 때 플랫폼의 월렛으로 자동으로 유입된다.

all projects를 클릭하면 시리즈 목록이 나타나는데, 거기서 이미 완료되어 오픈씨와 같은 2차 시장을 통해서만 구입할 수 있는 프로젝트와 아직 발행이 가능한 프로젝트, 특정 새 프로젝트가 시작되는 시기 등을 확인할 수 있다. 프로젝트 옆에 있는 P는 그것이 'playground' 프로젝트임을 나타낸다.

아직 완료되지 않은 특정 프로젝트를 클릭하면 시리즈의 규모와 이미 발행된 NFT의 수를 나타내는 행이 표시된다. 예를 들어 시작 날짜 앞에 '1 of 1024 minted'라고 쓰여있다1,024개 시리즈 중 한 개의 실물 샘플만 발행되었음. 프로젝트가 시작된 후, 일차로 작품이 발행되는 속도를 보면 이 시리즈의 인기도와 가격 상승 여력을 알 수 있다.

아트 블록은 각 프로젝트에 대한 아티스트의 웹사이트로 연결되어 있어서 거기서 더 많은 정보를 얻을 수 있고, 인스타그램이나 트위터 또는 디스코드의 팔로워 수로 작가의 인기를 확인할 수 있다.

메이커스플레이스

메이커스플레이스MakersPlace는 '진정으로 희귀한 최고의 디지털 아트워크 시장premier market for truly rare digital artworks'으로써 소위 할인점 오픈씨와 나란히 위치한 델리카트슨미국 미시간 주 앤아버(Ann Arbor) 다운타운 5번가에 위치한 식료품점으로 "세계 25대 식품점 가운데 하나"라고 평가되어 진다이라고 자신을 광고한다. 이것이 헛된 광고 약속이 아니라는 사실은 메이커스플레이스가 크리스티와 협력하여 비플의 '에브리데이즈Everydays'을 역사상 가장 비싼 NFT인 6,900만 달러한화 약 836억 원 이상에 판매했다는 사실을 통해 알 수 있다.

메이커스플레이스는 선별된 아티스트의 유일물Unikat을 판매하며, 또한 암호화 부문에 아직 익숙하지 않은 아티스트들이 NFT의 세계에 액세스할 수 있도록 만들고자 한다. 따라서 이더 뿐만 아니라 전통적인 신용 카드를 통해서도 거래가 가능하므로 더 많은 구매자 집단이 유입될 것으로 예상된다.

이 플랫폼은 2019년 4월부터 존재했다. 여기에서도 오픈씨에서 이미 본 많은 검색 및 정렬 기능을 다시 보게 된다. 가격 Highest to Lowest 또는 그 반대 Buy Now, In Auction 및 Has Offers 같은 카테고리, 예술가 및 예술 형식 등등으로 필터링 된 것들 말이다.

노운오리진

'세계 정상급 아티스트의 희귀 작품 발견'이 노운오리진 KnownOrigin의 광고 약속이다. 이 플랫폼은 1차 및 2차 시장 Primary/Secondary Marketplace 을 제공한다. 판매 품목은 주로 1/1 마킹으로 알아볼 수 있는 유일물과 소형 시리즈이다. 예를 들어 1/10은 구매자가 10부작 시리즈, 즉 에디션 중 한 작품을 구매한다는 걸 보여준다. 다른 플랫폼에서와 마찬가지로 여기에서도 아티스트의 소셜 미디어 계정에 연결된다. 따라서 팔로워 수와 커뮤니티의 참여도 등을 이용해 인기도를 짐작할 수 있고, 그들이 지금까지 플랫폼에 올린 작품이나 참여했던 프로젝트 등을 조사할 수도 있다.

1차 시장에서 출시되는 작품은 대개 적당한 가격 10이더 미만으로 내놓는다. 놀라운 가격에는 놀라운 이야기가 필요하기 마련이지만, 여기서는 아직 그러한 일이 빈번하게 일어나지 않는다. 그러나 팩, 엑스카피, 헥카타오와 같은 유명 예술가들의 작품에 대해 매우 높은 가격을 부르는 2차 시장에서는 상황이 다르다.

Community 메뉴에는 현재까지 달성한 판매 수익을 기준으로 순위를 매기는 Hall of Fame 명예의 전당과 수많은 NFT 프로젝트를 보여주는 Collection 컬렉션 경로가 있다. 새 프로젝트와 시작 날짜는 Drops 드롭 아래에 표시된다. Activity 현황에서 방금 판매된 것, 새로 판매를 시작하거나 입찰을 기다리는 아이템을 볼 수 있다. 구매하려면 Connect 연결 버튼을 사용하여 메타마스크 또는 다른 암호화폐 월렛을 연결한다.

니프티 게이트웨이

니프티 게이트웨이 Nifty Gateway의 특별한 점은 이렇다. 여기서는 NFT를 신용 카드로 쉽게 구입할 수 있으므로 이더 같은 암호 화폐 또는 메타마스크 같은 디지털 월렛이 필요 없다. 시작하려면 계정을 만들고 자신임을 인증만 하면 된다.

그렇다면 이 플랫폼의 단점은 무엇일까? 구매자 자신이 암호화폐 세계에 직접 존재하지 않기 때문에 구매한 NFT은어로 '니프티(Nifites)'가 니프티 게이트웨이에 저장된다. 따라서 거기에 접근하는 것은 회사가 여전히 존재하는지 여부와 플랫폼에 액세스할 수 있는지 여부에 달려있다. 때문에 스스로 액세스를 보장하려면 메타마스크가 필요하다. 그렇게 되면 Withdraw Nifty 인출 버튼을 사용하여 이더리움 메인넷의 본인 월렛 주소로 구매한 작품을 보낸 다음 메타마스크로 액세스할 수 있다. 덧붙이자면 이제는 니프티 게이트웨이에서도 이더로 결제할 수 있다.

잠깐만, 그거참 아무리 생각해도 모르겠네. 예를 들어 오픈씨 같은 다른 플랫폼에 월렛이 있는 경우에 내 NFT는 어디 있는 거지? 그럼 나는 오픈씨에 종속된 셈인가?

메타마스크는 블록체인을 볼 수 있는 일종의 '안경'이라고 생각할 수 있습니다. 오픈씨도 그런 안경입니다. 즉, 오픈씨에 있는 NFT는 없으며 모든 NFT는 주로 블록체인에 있습니다. 오픈씨는 NFT를 보여주는 안경일 뿐입니다. 니프티 게이트웨이와는 다릅니다. NFT는 니프티 게이트웨이의 구매자 소유' 지갑에 들어있습니다. 이 지갑은 당신의 지갑이 아니라 니프티 게이트웨이의 지갑입니다. 이런 경우 암호화폐 세계에서는 'Not your keys, not your coins 당신의 열쇠도, 당신의 동전도 아닙니다'라고 경고하죠. 개인 키가 없으면 실제로 100% 당신의 것이 아닙니다. 니프티 게이트웨이에서 이더리움 네트워크의 지갑 주소로 NFT를 보낸 경우에만 비로소 메타마스크로 NFT에 독점적으로 액세스할 수 있습니다. 당신이 가진 12단어로 구성된 시드 구문 형태의 개인 키를 사용해서 말이죠.

'내 NFT는 어디에 있는가?'라는 질문은 전적으로 타당하다. NFT에는 두 가지 유형이 있다. 아트 블록 NFT와 같이 '체인 상on-chain'에 있는 것. 이 경우는 언제든지 쉽게 예술 작품을 복원할 수 있는 코드가 블록체인에 보관된다. 체인 상에 있지 않은 NFT의 경우 소유권은 실질적으로 '오직' NFT 내의 파일이미지, 비디오, 음악 등이 있는 위치를 가리

키는 링크가 있다는 사실로만 구성된다. 이 경우 NFT 파일의 지속 가능성과 안전은 링크가 호스팅되는 방법과 위치에 따라 다르다. 파일은 IPFS Interplanetary FileSystem 웹에 저장되는 것이 가장 안전하다. 여기서 파일은 여러 위치에 분산되어 호스팅저장되므로 영구 액세스가 보장된다. 오픈씨와 같은 중앙 집중식 회사에 저장된 파일에는 잠재적인 위험이 존재한다. 회사가 파산하는 경우 NFT와 관련된 해당 파일이 더 이상 보관되지 않을 위험이 있다.

그렇다면 모든 작업이 체인 상에서 수행되도록 하지 않는 이유는 무엇인가? 라고 물을 수도 있을 것이다. 그건 그냥 이더리움 블록체인에서 직접 대용량 파일을 호스팅하는 것은 감당할 수 없을 만큼 비용이 많이 들기 때문이다.

니프티 게이트웨이가 흥미로운 이유는 비플, 페오시오스 혹은 팩 같은 많은 유명 아티스트가 이른바 '드롭'의 일부로 여기에서 작품을 출시하기 때문이다. 이후 당신은 홈페이지에 미리 공지된, 드롭 때 지정된 고정 가격으로 작품을 구매할 수 있다. 최근까지 이것은 NFT를 저렴하게 구매한 다음 상당한 수익을 거두고 유통 시장에서 재판매플립핑하는 좋은 방법이었다. 그 사이 이 붐은 다소 진정되었다.

추가적으로 프로젝트에는 특별 판매 유형도 있다. 하나는 NFT 아티스트 팩이 발명한 '오픈 에디션'이다. 이 경우 3분에서 최대 48시간 또는 그 이상까지 창이 열린다. 이 시간 동안 명시된 가격으로 원하는 만큼 (해당 시리즈의)NFT를 구입할 수 있다.

또 소위 '드로잉'이라는 판매가 있다. 이 경우 구매자는 고정 가격 1,500 달러라고 가정해 보자으로 참여할 수 있다. 구매자는 이 돈으로 추첨 티켓을 구입할 수 있다. 그런 다음 추첨을 해 당첨 되면 실제로 1,500달러한화 약 181만 원를 지불하고 예를 들어 10부, 20부 또는 50부로 한정 제작된 예술 작품 중 하나를 받는다. 당연히 니프티 게이트웨이도 경매를 제공한다. 일반 경매와 똑 같지만 입찰자는 경쟁자가 얼마를 제안했는지 모른 채 입찰가를 제출하는 '사일런트 옥션'도 있다. 결국에는 가장 높은 입찰가가 이긴다.

니프티 게이트웨이에서는 View additional details추가 내역 보기 버튼과 Global History글로벌 히스토리 버튼을 클릭하면 해당 작품의 판매 내역을 볼 수 있다는 점에서 시장 분석을 위한 정보도 제공한다.

그건 그렇고 2차 시장에서 작품을 사고 싶다면 니프티 게이트웨이보다 오픈씨에서 더 싼지 확인해보는 것이 좋다. 이곳에 작품을 전시하고 싶은 작가는 신청을 하고 결정이 내려질 때까지 잠시 기다려야 한다. 최근에는 플랫폼에서 큐레이팅된 작품 외에도 소위 인증된 드롭 Verified Drops도 있는데, 여기서는 회사팀의 심사큐레이트를 받는 것이 아니라 지정된 작가의 진위 여부를 확인만 한다. 니프티 게이트웨이에 관심이 있으면 내 유튜브 채널에 '현금으로 NFT 구매하기! 니프티 게이트웨이에서는 된다'라는 제목으로 플랫폼에 대해 다시 한번 상세하게 설명하는 비디오가 있으니 참고하길 바란다.

슈퍼레어

슈퍼레어SuperRare는 선별된 아티스트들의 유일물을 최초로 출시하는 독점 시장임을 내세운다. 2021년 말에 이 플랫폼에는 대략 28,000여 개의 작품이 게시되었다. 여기에 비한다면 오픈씨는 거인인 셈이다. 이 플랫폼의 대표적인 예술가와 수집가의 커뮤니티가 크게 영향력을 발휘하는 것은 기업 철학에 속한다. 이런 이유로 2018년에 설립된 이 플랫폼은 2021년 중반에 '$RARE슈퍼레어 큐레이션 토큰'을 출시했다. 이 토큰은 이전에 슈퍼레어에 참여했던 사람들에게 주는 '선물'인 에어드롭을 통해 발행되었다. 토큰 보유자에게는 (예를 들어)신인 아티스트 선정 등 포괄적인 참여 권한이 부여된다.

슈퍼레어는 아티스트가 응모할 수 있고 참가자가 투표로 참여하는 디지털 갤러리인 'Spaces공간'와 큐레이터가 서로 다른 아티스트의 작품을 한자리에 모으는 'Exhibitions전시', 즉 전시회를 통해 고전 미술 시장의 관습을 수용하고 있다. 여기에서 예술가들은 15%라는 비교적 높은 판매 수수료를 지불하지만(그래도 아직 '아날로그' 갤러리의 30~50%

수수료보다 훨씬 낮다) 구매자는 3%의 수수료를 지불한다. 거래에는 이 더가 사용된다. 특히 부유한 수집가들이 슈퍼레어에 투자하는데, 이들은 2021년 10월 월 매출 3,265만 달러_{한화 약 395억 6,200만 원}로 플랫폼을 전례 없는 수준으로 끌어올린바 있다.

슈퍼레어의 검색 기능은 다른 플랫폼과 동일하다. 아트 카테고리 및 아티스트를 검색하고, 가격을 오름차순 및 내림차순으로 표시하고, 현재 입찰 중인 작품을 확인하고, 개별 아티스트의 판매 내역을 추적하는 등의 작업을 수행할 수 있다.

슈퍼레어에 대한 기분 좋은 이야기가 하나 있다. 나는 2021년 4월에 이 플랫폼에서 주로 1/1 아트에 지대한 관심을 갖고 들여다보다가 좋은 투자가 될 수 있다고 생각되는 작품 몇 개를 구입했다. 작품 구입에 약 20,000유로_{한화 약 2,657만 원}를 투자했다. 그리고 나서 8월에 $RARE 토큰이 발행되어 특별 분배 시스템에 따라 플랫폼의 아티스트와 수집가들에게 공여됐다. 그 당시 나는 초기 수집가이자 후원자로서 20,000유로 상당의 예술품을 수집한 대가로 23.113$RARE 토큰을 받았다. 이 23.113토큰 가치는 2021년 11월 21일에 정확히 48,075유로_{한화 약 6,387만 원}에 달했다. 이 토큰은 내 인생이 끝날 때까지 회사의 주주처럼 나를 슈퍼레어의 성공에 동참할 수 잇게 해 줄 것이다. 이제 내가 NFT를 그토록 사랑하는 이유를 이해할 수 있을 것이다.

현재 가장 중요한 마켓플레이스들은 여기까지다. 이 목록이 완전하다고 주장할 생각은 없다. 이 책을 손에 들고 있을 때쯤에는 이미 새로운 플랫폼이 추가되었을 가능성이 크다. 하지만 여기에서 얻은 노하우로 그곳에서도 자신 있게 움직일 수 있을 거라 확신한다.

전체를 조망하는 방법

NFT 분야에서 가장 큰 도전 중 하나는 자신의 투자와 관련된 전체를 조망하는 것이다. 처음에 NFT 몇 개를 샀을 때는 그렇게 어렵지 않다. 그러나 나처럼 일단 열기에 사로잡히게 되면 급속도로 사냥꾼이자 컬렉터가 된다는 것을 알게 될 것이다. 본인도 모르는 사이에 갑자기 NFT를 10개, 20개, 50개, 그리고 결국에는 300개 또는 그 이상 갖게 된다.

내 투자는 어떻게 되어가나? NFT를 샀을 때 실제로 내가 지불한 돈은? 지금 가치는 얼마나 될까? 이런 질문이 나를 점점 더 괴롭혔다. 사실 모든 데이터는 존재하고, 블록체인에서 공개적으로 볼 수 있다. 그리고 언제인가 '왜 주식처럼 명확한 개요를 제공하는 포트폴리오 소프트웨어가 없을까?'라는 의문이 들었다. 하늘의 뜻인지 나는 우연히 블록체인 프로그래머를 만났다. 그는 많은 프로젝트에서 전체 블록체인 프로그래밍 팀을 감독하고 이끌었던 훌륭한 사람이었다. 그 사람에게 나는 자산을 모니터링하고 어떻게 불어나는지 보는 것을 좋아하는 나 같은 사람에게 유용한 좋은 툴이 없다고 불평을 했다.

여러 시간에 걸친 줌 화상 회의와 경험 많은 프로그래머 팀과의 몇 달 간의 개발 시간 끝에 마침내 때가 되었다. 내 생일인 12월 9일에 NFT 광들에게 필요한 모든 것을 제공하는 NFT 포트폴리오 소프트웨어 'NFT폴리오nftfolio'가 세상의 빛을 보았다.

NFT폴리오는 다음과 같은 것들을 알려준다. 내 자산은 얼마인가? 현재 내 자산은 어느 정도 가치가 있는가? 그러니까 종종 터무니없이 비싼 오픈씨의 판매 가격 기준이 아니라 'recently sold', 즉 최근 판매 이후의 가치는 얼마인가? 아니면 또, 가장 가치 있는 'trait(일전에 말했지만, 매우 특별하게 만드는 희귀 속성)'을 가진 내 NFT 중 하나를 마지막으로 판매한 후 자산 가치는 얼마인가? 포주 코트를 입은 지루한 원숭이의 마지막 판매로 얼마를 벌었지? 그리고 특히 가스 비용을 포함해 민팅할 당시 든 비용은? 등등.

이런 어려움을 해결해 준 것은 지금까지 이 앱밖에 없다.

이 프로그램을 사용한 후 마침내 나는 가장 좋아하는 일을 할 수 있게 됐다. 그러니까 매일 아침 내 자산 포트폴리오가 어떻게 변하는지 확인한다. 게다가 현실적으로, 나는 이 앱을 사랑하고 내가 직접 개발

했기 때문에 모든 사람에게 강력히 추천한다. 당신이 단타매매 투기꾼 Flipper이든 NFT를 수집하든 아니면 그냥 자기 자산이 보고 싶은 사람 이든 상관없다.

전략 따르기
: 단타매매, 수집, 세분화

많은 수의 마켓플레이스만으로도 NFT 시장이 2021년 초부터 말 그 대로 폭발적으로 성장했음을 알 수 있다. 월렛과 구매자의 수 및 매출 이 매우 짧은 시간에 증가했다. 매일매일 싸이는 판매 물품, 아티스트 들의 다양성, 수많은 드롭과 출시 공지들을 보다 보면 NFT 세계에서 길을 잃기 십상이다. 내가 권하고 싶은 것은, 당장에 최대 이익을 거두 고 싶다는 희망 때문에 경솔하게 행동하지 말라는 것이다. 알다시피 탐욕은 두뇌를 잠식한다. 먼저 자신의 방향을 잡고 주요 관심사가 어디 인지 생각해야 한다. 이 섹션에서는 NFT 영역에 참여하는 세 가지 기 본 방법을 소개한다.

단타매매 : 빨리 사서 빨리 되팔기

이것은 모험가들의 전략이다. 유망한 프로젝트를 추적하고, 저렴한 가격에 NFT를 구입하거나 (아니면 가장 좋은 것은)오리지널 웹사이트에서 발행한 다음 높은 수익으로 다시 판매하는 것이다. 이 같은 판매 원칙은 '단타매매플립핑'라 부르며, 물론 NFT에 국한되는 건 아니다 탐나는 운동화 모델을 사서 수익을 보고 다시 경매에 부치던 일부 젊은이들은 이제 NFT로 전환하고 있다. 현명하게 쇼핑하면 희귀하고 탐나는 모든 것을 단타로 매매할 수 있다.

분명한 것은 단타매매를 위해서는 먼저 어떤 프로젝트가 가치를 빠르고 크게 증가시킬 수 있는지 합리적으로 신뢰할 수 있는 평가가 필요하다. 미래를 내다보는 수정 구슬이 없다면 자신의 경험에, 이상적인 것은 다른 사람의 귀중한 내부 정보에 의존하는 것이다. 둘째, 이 거래를 가치 있게 만들려면 일찍 서둘러야 한다. 과열 구매가 시작되기 전에 구매해야 한다. 처음에는 사람들이 '지루한 원숭이'를 저렴하게 구입한 다음 수익을 보고 단타매매할 수 있었다. 출판 마지막 날 저녁에는 이미 이 원숭이 가격이 6배나 뛰었다. 크립토펑크의 경우에는 가격이 오르는 데 조금 시간이 걸렸다. 지금은 둘 다 두둑한 자금 없이 구입하기에는 너무 높은 가격에 거래된다.

이 세계를 잘 알고, 유망한 아티스트를 팔로우하고, 예고된 '드롭'에 대해서도 알고 있다면 최고의 기회를 잡을 수 있다. 드롭 정보는 판매 플랫폼뿐만 아니라 아티스트의 웹사이트와 소셜 미디어 계정 또는 트위터나 디스코드 관련 그룹들에서도 얻을 수 있다. 만일 너무 늦게 알게 된다면, 이 시시한 농담을 허락할 땐 이미 드롭은 '먹을 게 없다'. NFT 분야에서 비밀 정보를 약속하는 온라인 미디어 또는 인터넷 일반 사이트의 기사를 조심해야 한다. 소위 내부자 정보 뒤에 유료 광고가 숨어 있을 수 있다. 그럴 때는 다음 챕터의 '커뮤니티' 주제를 다루는 부분에서 소개할 유명 인플루언서를 팔로우하는 것이 좋다.

물론 전문가와 멘토링 그룹이 운영하는 포럼도 있다. 이 포럼에서는 흥미로운 일이 생기면 텔레그램 채널을 통해 최대한 빨리 회원들에게 알리기 때문에 독점적인 정보를 특별히 신속하게 얻을 수 있다. 주의할 것은, 나는 단타매매를 하지 않는다. 나는 디파이 프로토콜이나 분산 게임인 포커 NFT와 같이 훌륭하고 지속적인 현금 흐름을 가져오는 흥미로운 프로젝트가 풍부함에도 불구하고 거의 예외 없이 장기적인 '매수 후 보유 전략Buy and hold Strategie'을 따르기 때문이다.

조금 혼란스럽겠지만 그래도 늘 염두에 두어야 할 점은, 마케팅에 관심이 있는 아티스트 또는 NFT 소유자가 인터넷에서 교묘하게 특정 프로젝트에 대한 과열 구매를 조장할 가능성이 상존한다는 사실이다. 또 이 과열 구매 열기는 마치 찬바람 맞은 치즈수플레처럼 갑자기 무너져 버린다는 사실이다.

이럴 경우 이 세계에서는 누군가가 자신의 이익을 위해 프로젝트를 '실링'한다고 말한다. 따라서 소셜 미디어에서 누군가가 "네 프로젝트

실링 그만 둬!"라고 요구했을 때, 그것이 무엇을 의미하는지도 알 수 있을 것이다. 처음 발을 들인 사람들에게는 마치 암호와 같은 ('kryt'라는 단어의 뜻이 그렇다) 이 세계 전문 용어에 대해서는 다음 장에서 더 자세히 읽을 수 있다. 거기에는 두고두고 도움이 될 어휘 목록도 있다. NFT 팬으로서 초창기에 나에게 그 리스트가 있었다면 여기저기 찾아보느라 들인 시간을 많이 절약했을 것이다.

> 단타매매, 수익을 내면서 재빠르게 재판매, 이게 아직도 유효한가? 결국, 시장은 이제 말 그대로 NFT로 넘쳐나고 있는데.

맞습니다. 2021년 여름부터 NFT의 과열 구매로 인해 점점 더 많은 프로젝트가 시작되었지만, 모두가 유망한 것은 아닙니다. 단타매매를 할 때는 잃어도 되는 여유 돈만 사용해야 합니다. 그리고 신중한 조사 없이는 성공할 수 없습니다! 평가 기준도 만들어야 합니다. 그건 곧 설명해 드리죠. 그리고 만약 제 솔직한 의견을 듣고 싶다면, "시기 선택이 아니라 시간이 중요하다."라고 말하고 싶군요. 나는 최저 시장 진입점과 최고 시장 출구점을 잡으려 애쓴 적이 없습니다. 예, 기민한 단타매매 투자자들이 2021년 5월 1일 지루한 원숭이 시리즈로 돈을 6배나 늘릴 수 있었죠. 하지만 내 장기 보유 전략으로 그 사이 같은 원숭이 시리즈가 937배나 뛰었습니다.

다음과 같이 잘 알려진 기준은 프로젝트의 구체적인 평가에 도움이 될 것이다.

- 누구의 프로젝트인가?
- 뭔가 새로운 것을 제공하는가 아니면 모방 프로젝트인가?
- 아티스트는 이미 알려져 있는가?
- 이전 프로젝트는 어떻게 진행되었나?
- 아티스트의 소셜 미디어 팔로워는 몇 명인가? 그리고 팔로워들의 참여도는 어떤가? (상호작용이 활발하지 않을 때 주의 할 것. 봇Bot이 작동하는 것일 수 있다!)
- 로드맵이 결정적이며 흥미로운 것을 제공하는가?
- 프로젝트가 장기적으로 설계되었는가 아니면 돈만 보고 만든 것인가?
- 프로젝트가 사회와 컬렉터들에게 가치를 창출하는가?

또한 판매 프로세스에 대한 데이터를 살펴보아야한다.

- 프로젝트에 많이들 관심이 있는가? 즉, 매우 빠르고 또 매우 많이 발행되고 있는가? 아니면 프로젝트가 매진될 때까지 더 오래 걸리는가? 하지만 나중에 가장 성공적인 프로젝트 중 일부는 몇 분 안에 매진되지 않았다. 예를 들어 매우 성공적인 프로젝트인 펑크 코믹스Punk

Comics는 최초 드롭 때 발행된 10,000조각이 모두 팔릴 때까지 몇 주가 필요했다.

- 플랫폼에서 이 시리즈의 NFT 거래 강도는 어느 정도인가?
- 거래량은 얼마인가? (예를 들어 오픈씨의 Volume traded거래량 수치)
- 가격은 어떻게 변하고 있는가?
- 화이트리스트가 있는가?

당신이 초기에 발행할 수 있는 그런 리스트를 만드는 것은 '춤'과 같은 상당한 기술이 필요하다. 여기서 실제로 가끔 소수만이 관심을 갖고 있는 NFT에 인위적인 희소성이 만들어지기도 한다.

- 발행 가격은 모든 사람에게 동일한가? 아니면 그 프로젝트가 판매된 토큰 수에 따라 가격이 올라가는 소위 결합 곡선FOMO 곡선이라고도 함을 사용하는가? 내 생각에 그건 별로 좋은 징조가 아니다.

- PFP 프로젝트라면 구매하고 곧바로 당신이 발행한 것을 바로 볼 수 있는가direct reveal? 아니면 나중에 '개봉'되는가? 작은 팁을 주자면, 어떤 걸 발행했는데 아직 소유 여부가 나타나지 않는다면 오픈씨의 본인 NFT 페이지로 이동하여 오른쪽 상단의 refresh metadata메타데이터 새로 고침 화살표가 있는 원형 아이콘을 클릭하라. 그런 다음 페이

지를 새로 고침 한다. 때로는 이것을 몇 번 연속으로 수행해야 한다.

참고로 모든 단타매매자의 신은 NFT 컬렉터로 잘 알려진 프랭시 Pranksy로, 그는 단타매매로 자산의 기초를 다졌다. 시작하자마자 그는 '지루한 원숭이' 1,500마리를 민팅한 다음, 높은 수익률을 거두고 재판 매했다. 덧붙이자면 프랭시의 트위터 덕분에 내 자신도 '지루한 원숭이' 10마리를 민팅할 수 있었다. 현재 프랭시는 NFT 수로 세계에서 가장 큰 NFT 컬렉션을 보유하고 있다고 한다. 그는 2021년 9월에 1,000 이더에 막 발행한 희귀 기능이 있는 크립토펑크를 단 8시간 만에 122 만 달러한화 약 14억 7,851만 원에 판매하는 등 계속해서 헤드라인을 장식하고 있다. '펑크 #6275'는 1,320이더에 재판매했다. 만약 그가 조금 더 일찍 팔기로 결정했더라면 그 중에는 1,600이더도 있었을 것이고, 이는 그의 이익을 거의 두 배로 늘렸을 것이다. 이 모든 게 행운일까 불운 일까? 최소한 이것은 단타매매의 신조차 완벽하지는 않다는 사실을 증명한다. 한 달 전인 2021년 8월에 프랭시가 뱅크시Banksy NFT를 사들여 사기꾼에게 속았을 때 이미 그 싹이 보였다. 프랭시는 수집가일 뿐만 아니라 자선 활동선한 목적을 위한 NFT 경매과 기업가 정신으로도 유명하다. 예를 들어 그는 NFT Boxes의 공동 설립자로, 여기서는 기적의 가방 원리를 사용하여 NFT를 구입할 수 있다. 그건 그렇고 가명뱅크시를 암시하는인 '프랭시'가 실제 누군지는 알려져 있지 않다.

수집 : 긴 호흡과 특정 이익

단타매매와 달리 수집가 또는 투자자는 NFT의 장기적인 성과에 의존한다. 나는 이 그룹에 속해 있다. 전통 예술 분야와 마찬가지로 모든 NFT 수집가는 새로운 예술가나 예술 작품을 발견하여 키우고, 그 명성이 수집가에게 전달되는 꿈을 꾼다. 이에 대한 책임은 끈기, 전문 지식 및 예를 들어 내가 '지루한 원숭이'를 마주했을 때처럼 약간의 운이 혼합된 것이다. 나는 그걸 아주 적절한 시기에 경험했다.

단타매매는 빠른 수익에 초점을 맞추는 반면, 수집에서는 예술 자체가 더 중요한 역할을 하고 장기적인 가치 상승을 기대한다. 수집가는 일부는 상한가를 치고 일부는 적어도 가치가 안정적으로 유지되기를 희망하면서 다수의 개별 주식에 투자하는 주주처럼 행동한다. 그럴 때 다른 일부 주식 가격이 급격히 떨어지면 너무나 고통스럽다. 당연히 단타매매와 수집이라는 두 가지 전략을 동시에 추구할 수도 있다. 프랭시의 사례를 생각해보라.

프랭시 외에도 NFT 분야의 유명한 수집가로는 인상적인 컬렉션을 소유한 마크 큐번Mark Cuban, 이미 언급한 비플의 6,900만 달러한화 약 836억 원짜리 콜라주 '에브리데이즈'를 구매한 게리 바이너척, 플라밍고 DAO FlamingoDAO, 지미 맥넬리스Jimmy McNelis / J1mmy.eth, 지머니Gmoney, 비니beaniemaxi 등이 있다. 이런 NFT 투자자들의 컬렉션을 보고 싶다면,

가장 좋은 방법은 트위터를 이용하면 된다. 이런 사람들은 일반적으로 '.eth'로 끝나는 주소를 갖고 있다. 이 주소를 사용하여 월렛을 찾을 수 있다. 몇 가지 흥미로운 지갑은 Beaniemaxi, pranksy.eth, gmoney.eth, j1mmy.eth 또는 게리 비의 월렛 중 하나인 Gennady이다. 내 월렛은 'Warrenhimself' 및 'Warrenvault'라는 이름으로 찾을 수 있다. 더욱이 NFT폴리오와 같은 포트폴리오 소프트웨어에서 이 지갑들 각각을 연결하고 이 양반들이 JPEG에 얼마나 많은 돈을 투자했는지도 볼 수 있다.

수집가라면 다방면에 관심을 두거나 특정 예술 형식에 중점을 둔다. 예를 들어 주로 사진 예술이나 제너러티브 아트, 영화 분야의 NFT에 집중한다든지, 특정 예술가의 작품 또는 그와 유사한 것만 수집할 수 있을 것이다. 특정 분야에 관심이 있다면 집중은 좋은 것이다. 반대로 타란티노 감독을 이탈리아 디저트 정도로 착각하는 사람이라면 무조건 영화 NFT에 투자해서는 안 된다. 집중의 장점은 심도 있는 전문 지식을 더 쉽게 구축하거나 비非디지털 아트 분야의 지식을 기반으로 할 수 있다는 점이다. 이를 통해 팔로우할 아티스트, 트위터 계정, 디스코드 채널 등을 쉽게 결정할 수 있다. 또한 계속적으로 확장되는 NFT 정글에서 나무 대신 숲을 보지 못할 위험이 줄어든다.

단일 소스의 컬렉션도 관심 있는 구매자의 관심을 끌 수 있다. 또 판매를 원할 경우 특정 작품 세트를 소유하면 가격이 올라갈 수 있다. 예를 들어 아트 블록에서 큐레이트된 프로젝트의 흑백 민트만을 전문으로 하는 수집가나 '지루한 원숭이' 또는 크립토펑크, 비프렌드_{Veefriend}만 수집하는 수집가도 있다.

지분 분할

현재 크립토펑크와 같은 유명한 NFT를 살 푼돈이 없더라도 전설적인 프로젝트에 참여할 수 있다. 주식을 통해 회사의 지분을 사는 것과 유사하게 펑크 하나에 대한 지분을 살 수 있다. 이를 위해 (전체적으로) 대체할 수 없는_{교환할 수 없는} NFT는 다수의 동일한 토큰 또는 코인으로 '분할'된다. NFT는 대체할 수 없지만 분할된 코인은 대체 가능하므로 개별적으로 쉽게 거래할 수 있다. 소유자가 지정하는 지분의 수는 수만 또는 수십만에서 (도지코인 개의 원본 사진을 분할한 NFT인 유명한 도지 NFT와 같이)수십억까지 다양하다.

특정 NFT를 (아직 판매 중인 지분의 수에 따라)원하는 만큼 많이 또는 아주 소량만 구매할 수도 있다. 아니면 지분 하나의 일부만_{예를 들어 0.1 또는 0.001} 구매함으로써 적은 돈으로도 참여할 수 있다. 아마 100유로_{한화 약 13만 원}만 있어도 가능할 것이다. '인수'가 있으면, 그러니까 모든 지분을 구매하여 완전한 NFT를 구매하려는 사람이 있으면 플랫폼에서 경매가 시작된다. 그런 다음 자신의 지분 정도에 비례하여 수익금을 공유하게 된다. 지분 구매를 위해서는 NFT 소유자가 작품을 분할하고 판매용 지분을 팔 수 있는 전용 플랫폼이 있다. 분할 NFT에 가장 중요한 사이트는 '프랙셔널 아트'이다.

모든 것이 쉬워 보이지만 함정도 있기 때문에 여기서 NFT를 구매할 때마다 현재 지분 가격이 합당한지 따져봐야 한다. 이를 위해서는 해당 코인의 가격 이력 코인게코(Coingecko)에서도 확인 가능을 보고 현재 지분가가 상승 또는 하락하고 있는지 확인할 수 있다. 더 큰 시리즈의 NFT인 경우 시리즈 전체의 가격 변동에 대한 개요도 확인하는 것이 가장 좋다 오픈씨 및 검색 기능에 대한 섹션 참조. 예를 들어 유사한 NFT 예를 들어 기능 조합이 유사한 크립토펑크의 거래 가격을 조회할 수 있다. 이는 최근에 달성된 판매 가격 Recently Sold. 즉, 최근 판매 이후 가치이 '높은 가격순' 또는 '낮은 가격순'의 정렬 기준으로 보여지는 단순한 조회 결과보다 의미가 있다. 이것은 특정 아티스트의 고유한 작품이 거래되는 가격에도 동일하게 적용된다. 이를 기반으로 모든 지분을 합산했을 때, 분할된 NFT가 현재 저평가되었거나 이미 고평가되었는지 여부를 추정할 수 있다.

또 자신이 구매한다고 생각한 것을 실제로 구매하고 있는지 여부를 신중하게 따져봐야 한다. 프랙셔널 아트는 신규 사용자에게 이미 알려진 NFT의 위조품이나 합당한 이유가 있는 기타 위험에 대해 경고하고, 검증된 판매 아이템에 녹색 체크 표시를 도입했다. 게다가 분할 뒤에 유동성 풀이 있기 때문에 지분 매각이 항상 가능한 것은 아니다. 이 풀에 이더가 충분히 있는 경우에만 판매할 때 돈을 돌려받을 수 있다. 그렇지 않은 경우엔 충분한 유동성이 다시 확보될 때까지 대기 시간을 예상해야 한다. 프랙셔널 아트 사이트에 이에 대한 경고가 있다. "이 금고는 유동성이 낮습니다. 주의해서 진행하십시오."

요약하자면, 조심하는 게 제일이다. 유망한 NFT 월렛도 마찬가지다. 그리고 여기에 오래 있을수록 이 세계에서 더 자신감을 갖게 될 것이다. 다음 장에서 소개할 인터넷 커뮤니티도 이에 도움이 될 것이다.

NFT
커뮤니티

그들의 비밀 언어와 게임 규칙

"Jfc, TF floor 200 Eth, LFG! Lfmao! No shill, tbh this is wife changing money WGMI!"

이 말을 쉽게 이해했다면 이 장을 건너뛰어도 좋다. 그렇지 않은 사람들에게는 이제 어학 코스, 여행 가이드, 그리고 NFT 커뮤니티 세계를 위한 20페이지 미만의 작은 에티켓 세미나, 뭐 그런 것들이 펼쳐진다. 그 20페이지 남짓 안에는 모든 것이 들어 있다. 왜냐하면 거기엔 처음에 나의 당혹감을 극복하게 만들어준 셀 수 없이 많은 연구 시간이 포함되어 있기 때문이다. 처음 시작한 사람에게 NFT 세계는 마치 다른 행성에 온 것 같다. 원주민들은 영어를 구사하는 것 같긴 한데 실제 보면 횡설수설하고 게다가 이상한 행동을 한다. 트위터 또는 디스코드의 커뮤니티는 투자 성공의 열쇠다. 여기에서 정보를 교환하고 경고를 하고 흥미로운 프로젝트에 대해 논의한다. 여기에는 또한 전통적인 미디어에서처럼 종종 유료 광고나 어설픈 지식으로 인해 흐려지지 않은, 필터링 되지 않은 정보가 있다. 하지만 이는 신뢰할 수 있는 사람과 실제로 도움이 되는 커뮤니티를 안다는 걸 전제로 했을 때 그렇다.

"I aped WSB. But dyor"
: 필수 어휘

NFT 언어에서는 웹에서 잘 알려진 약어예 : lol가 NFT 세계의 암호 속어 또는 암호 약어와 혼합되어 언어학자들의 상상력을 부르는 관용구가 된다. 예를 들어 'I aped WSB'는 '배경지식도 별로 없이 〈월스트리트 불스Wall Street Bulls〉프로필 사진 시리즈에 거액을 투자했다'는 뜻이다. 이 문장은 "But dyo : 사기 전에 스스로 조사해 봐dyor = 스스로 조사하라"와 결합되어 있다.

"Jfc, TF floor 200 Eth, LFG! Lfmao! No shill, tbh this is wife changing money WGMI!!"

이 말을 풀면 이렇게 많은 메시지가 들어있다.

"Jesus fucking Christ, Twin Flames Floor Price 200 Ether, let's fucking go! Laughing my fucking ass off. No shill, to be honest, this is life changing money. We gonna make it!"

대략 번역하자면 다음과 같다.

"말도 안 돼. '트윈 플레임'이 200이더라니, 가보자고! 웃겨 죽겠네!

난 이 프로젝트를 돈을 벌기 위해 시작한 것이 아니지만, 솔직히 이것은 인생을 바꿀 수 있는 투자라고, 할 수 있어!"

하지만 누가 그런 소설을 쓸 시간이 있을까? 그 시간에 다음 유망한 NFT를 쉽게 민팅할 수 있는데. NFT 커뮤니티의 가장 중요한 문구 및 약어들을 여기에 모아봤다.

- **1/1 art(1 of 1)** 예술 유일물, 개별 작품
- **1/10, 1/1024 usw** 10, 1024 등의 시리즈 중 한 작품.
- **AB** Art Blocks. 아트 블록 최초의 제너러티브 아트 대형 시장
- **afaik** As far as I know. 내가 아는 한.
- **alpha** 알파 지식, 즉 예를 들어 가치 있는 투자를 가능하게 하는 지식의 우위.
- **alt** Alternativ. 대안.
- **AMA** Ask me anything. 무엇이든 물어보세요.
  또 디스코드, 트위터 등의 라이브 질의응답 세션을 지칭하는 용어.
- **anon** anonymous. 넷 상에서 본명이 아닌 닉네임으로 활동하는 사람.
- **apeing(I will ape in, I aped in)** 말 그대로 '원숭이처럼 행동하는 것'. 배경 지식 없이 많은 돈을 투자하는 행동. 조사해보지도 않고 유망해 보이는 것을 구입하는 행동.

- **atm** At the moment. 현재.

- **BA, BAYC** 지루한 원숭이, 지루한 원숭이 요트 클럽

- **bags** 말 그대로 가방. 자기가 가진 NFT를 의미. 'My AB bags'는 '내 아트 블록 NFT'이란 뜻.

- **Boomer** 베이비붐 세대1946~1964년생. 또 정신적으로 융통성이 없고 구식인 젊은이들을 지칭.

- **brb** Be right back 곧 올게

- **bro** Brother 형제, 친구

- **buying on secondary** 2차 시장에서 구매 (예: 오픈씨)

- **cash grab** 말 그대로 '돈을 잡아라'. 제작자들이 돈을 가지고 뛰어들기 전에 빠른 수익을 추구하는 프로젝트. 종종 이 세계에 발을 들여 본 적이 없는 유명인의 NFT 프로젝트와 관련된 표현.

- **clout(to have clout)** 말 그대로 '파괴력'. 'to have clout'란 영향력을 갖는다는 의미. 트위터의 많은 사람들이 더 많은 영향력을 얻기 위해 커뮤니티를 구축하려고 노력한다.

- **cmb/cyb** Count my/your blessings. 나/너는 운이 좋다고 말할 수 있어요.

- **cope** 말 그대로 '대처하다, 극복하다'. 더 일찍 더 저렴하게 구매하지 못한 것을 여전히 후회하다가 더 나은 판단에 반하여 무언가를 사지마십시오. (FOMO의 반대)

- **CP** CryptoPunk. 크립토펑크.

- **ded** dead. 사망. 가치가 없다는 뜻.

- **degen** degenerate. 퇴행적인. 긍정적이든 부정적인 의미에서든 정신 나간 행동 또는 투자. (놀랄 만큼 대담하거나 비합리적으로 위험한 기동.)

- **delist** 말 그대로 더 이상 판매하지 않아 '목록에서 제외한다'는 뜻.

    예시 오픈씨에서 가격 하한선 또는 기준 가격이 너무 빠르게 올라 위험을 무릅쓰고 가치 이하로 판매하는 경우.

- **derivatives** 말 그대로 '파생' 프로젝트, 즉 모방 프로젝트.

    예시 크립토펑크 후속으로 나온 여러 가지 또 다른 이른바 'alt Punk' 시리즈.

- **dgaf** Don't give a fuck. 난 상관없어.

- **doggo** '지루한 원숭이' 소유자에게 선물로 나눠준 개. = Kennel

- **$** 문자 조합의 시작 부분에 있는 이 달러 기호는 대개 암호화폐와 관련 있음을 나타낸다. 예시 $ETH, $BTC

- **dope** 끝내준다. 응용 This is dope!

- **dyor** Do Your Own Research. 네가 스스로 조사해, 영리하게 굴어.

- **engagement farming** 논란의 여지가 있는 트윗을 보내 아래 댓글에 많은 참여를 유도하고 알고리즘을 더 많이 활용하세요.

- **EoY** End of Year. 연말.

- **facemelt** 가격이 치솟으면 "prices will facemelt upwards"라

고 한다.

- **few** "Few understand"라고 할 때의 소수. 여기서 무슨 일이 일어나는지 소수만 알고 있고, 우리는 내막을 알고 있는 사람들 중 하나다.

- **FOMO** Fear of missing out. 뭔가 놓칠 것 같은 두려움. 뭔가가 이후 대박이 날 거 같은데, 거기에 참여하지 못할 지도 모른다는 두려움에 기인해 거기에 투자하는 것.

  응용 I FOMOed Pudgy Penguins.

- **fren / frens** 영어로 "friends"의 약자.

- **FUD** Fear, uncertainty and doubt. 불확실성과 의심으로 인한 공포. 프로젝트가 어떻게 발전할지 아직 평가할 수 없는 시점을 나타낸다. (아이러니하게도 "50 ETH for a Bored Ape is FUD."라고 말할 때, 여기서 의미하는 것은 가격이 너무 싸다고 느껴질 정도로 앞으로 상승할 것이라는 뜻.)

- **fwiw** For what it's worth. 그냥 내 생각일 뿐이지만.

- **Gang Gang** (번역하기 쉽지 않은데 군이 해보면)우리가 같은 NFT를 갖고 있으니 "우리는 같은 조직의 일원이야" 정도의 의미.

- **genesis piece** 예술가의 첫 작품

- **GG** Good Game. 멋진 일. **응용** This is a GG.

- **gm** Good morning. 안녕. 이런 표현을 읽으면 똑같이 해주면 된다.

- **gmi** Gonna make it. 해 낼 거야.

- **gn** Good night. 잘 자.

- **GOAT** Greatest of all time. 역대 최고. 존경과 감탄을 표현한다. 가끔 'goat'가 염소를 뜻하기 때문에 염소 이모티콘 형태로 쓰기도 한다.

- **grail piece** 시리즈에서 가장 인기있는 작품. (예 : 튤립 같이 보이는 타일러 홉스의 피덴자 시리즈 중 하나인 '튤립tulip')

- **hfsp** Have fun staying poor. 가난한 생활을 즐기세요. 암호화폐 또는 NFT가 과대평가된 거품 또는 사기라고 생각하는 사람을 비하하는 표현.

- **hmu** Hit me up. 연락 주세요. 보통 DM, 즉 다이렉트 메시지를 사용해서 이야기한다.

- **hodl** 동사 'to hold'를 개악한 표현. 즉 뭔가를 급하게 처분하지 않는다는 뜻. 이 단어의 명사형은 'Hodler'다. 암호화폐 투자자가 약간 취한 상태에서 오타를 만든 인터넷 밈에서 유래했다. 따라서 자주 주장하는 것처럼 'hold on for dear life 필사적으로 붙들다'의 약어가 아니다.

- **HW** Hardware Wallet. 예를 들어 원장과 같은 하드웨어 월렛. 때로 맥락에 따라 그냥 '하드웨어'를 지칭하기도 한다.

- **I see what you did there** 직역하면 '당신이 한 일을 안다.' 존경의

표현. (대략 '그런 일을 하다니 대단하군요' 정도의 표현.)

- **idgaf** I don't give a fuck. 난 상관없어.

- **imo** In my opinion. 내 생각에는.

- **IRL** In real life. 실생활에서.

- **IYKYK** If you know you know. 당신은 그게 뭘 의미하는지 알고 있고, 내 막을 알고 있는 사람들 중 하나입니다.

- **jfc** Jesus fucking Christ. 미국의 방송인이 이 말을 뱉었다면 누가 됐든 '삐' 소리 처리됐을 놀라움의 감탄 내지 저주의 표현이다.

- **JPGs(JPEGs)** (JPG, GIF, PNG 형태 뿐만 아니라 오디어 파일 또는 게임 등) 다양한 형식의 NFT. 종종 자신을 비하하는 의미로 사용된다.

  응용 JPEG rich, but FIATpoor. (즉, 가치 있는 NFT 포트폴리오의 소유자이지만 유로나 달러와 같은 전통적인 화폐는 없는 경우)

- **Kennel** '지루한 원숭이' 소유자 모두에게 선물로 준 개^{doggo}.

- **KO** Known Origin. NFT 거래 플랫폼.

- **LFG** Let's fucking go! 가자 가자! (종종 로켓 이모티콘과 함께 사용.) 급격한 가격 인상 러시에 대한 흥분을 표현한다.

- **LL** Larva Labs. 라바 랩스. 크립토펑크, 오토글리프, 미비츠를 만든 곳.

- **Lmao(Lmfao)** Laughing my (fucking) ass off. '웃겨 죽겠네!' 정도의 의미.

- **Lmk** Let me know. 알려줘.

- **Love to see it / Hate to see it** 이걸 봐서 다행이다 / 이걸 봐서 싫어. 글자 그대로의 의미일 수도 있고, 반어적으로 정반대 의미로 사용될 수도 있다.

- **Mam** 'Madam'을 지칭. Ser처럼 누군가에게 의견을 전달할 때 쓰는 정중한 호칭.

- **Maxi** 자신의 암호화폐 또는 블록체인이 최고라고 믿는 비트코인 맥시멀리스트.

- **McDonald's** NFT가 잘 안된 경우 플랜 B를 이르는 농담. 잘 안되면 맥도날드에 취직한다는 정도의 의미.

- **Meatspace(Meatverse)** 말 그대로 '고기의 세계', 실제 세계이며 메타버스에 대한 패러디일 수도 있다. 'IRL |실생활|'의 다른 명칭.

- **melting faces** facemelt.

- **MM** MetaMask. 메타마스크.

- **moon** 원래 의미는 달이지만, 여기서는 '엄청나게 오르다'는 의미.

  응용　Bored Apes gonna moon!

- **NFA** No financial advice. 재정적 조언 없음. 손해 배상 청구로부터 보호하기 위한 표준 문구; 종종 dyor스스로 조사할 것와 함께 사용된다. 때로는 'No France Advice'라는 조롱 조로 사용되면서 프랑스 국기와 결합된다.

- **ngl** Not gonna lie. 솔직히.

- **No France Advice** 'No Financial Advice', 즉 NFA^{재정적 조언 없음}에 대한 조롱이다.

- **ngmi** Not gonna make it. 그런 짓은 하지 말았어야 했는데. 잘못된 결정, 특히 어리석은 말을 하거나 자신을 비하하는 말을 할 때.

- **Noob/Pleb** Newbie/Pleb(e)ian. (아무 것도 모르는)신규 가입자. 간혹 유머러스하게 자신을 조롱하는 데 사용된다. 반대말은 OG.

- **nvm** Never mind. 신경쓰지 마.

- **ofc** Of course. 물론이지.

- **OG** Original Gangster. 오리지널 갱스터. 해당 NFT의 개척자로 커뮤니티의 존경받는 사람. 반대는 Noob.

- **paper thin floor** 몇 조각 남지 않은 하한가 NFT란 의미. 예를 들어 판매용 시리즈의 NFT 100개 중 3개가 29이더로 리스트업 되고, 그 이후로 모든 것이 30이더 이상이어야 하는 경우.

- **PFP** Profile Pictures. 크립토펑크나 지루한 원숭이 시리즈 같은 프로필 사진 NFT.

- **PoS / PoW** Proof of Stake. 지분 증명. / Proof of Work. 작업 증명. (용어집 참조)

- **ppl** People. 사람들.

- **Probably nothing** 글자 그대로의 뜻과 달리 정확히 반대의 의미로 사용되는 경우가 많다. '그건 꽤 문제다!'

- **Props!** Proper respect! 존경심을 표하는 감동의 표현이다.

- **pump(pamp)** 급격한 가치 상승을 나타내는 말.

  응용 BAYC is pumping hard.

- **rare** 희귀하다. 일반적인 문자 그대로 또는 반어적으로 '보기 드문 것'에 대해 사용된다.

- **rekt** wrecked. 난파. 자신의 포트폴리오가 아주 엉망이 됐을 때 하는 말. NFT를 구매 후 가격이 곤두박질치면 그 사람은 'rekt' 된 것이다. 종종 'rip'이 뒤따른다.

- **right click save as** 오른쪽 클릭해서 저장. (PC에서 이미지를 다운로드하는 명령) 웹에서 NFT 콘텐츠를 다운로드하는 것만으로 NFT 콘텐츠를 '소유'할 수 있다고 생각하는 비非NFT 사용자를 경멸조로 표현하는 말.

- **rip** R.I.P.Rest in Peace. 편히 잠들기를. 종종 'rekt'와 함께 온다.

- **rn** Right now. 지금 당장.

- **Rug(it's a rug, getting rugged)** rug pulled. 글자 그대로 '발밑의 양탄자를 잡아당겨 버리는 것', 비유적인 의미에서 또 '플러그를 빼 버리는 것'. 개발자가 출시 후 일정 시간이 지나면 프로젝트를 포기하고 지금까지 번 돈으로 만회할 때 사용. 일반적으로 속이고 부추긴 다음 사라지는 등의 부정적인 행위들에 대한 표현.

- **salty** 짠 눈물. 종종 수백만 달러의 재산을 거기서 벌고 있다는 사실

에 화가 난 NFT 세계에 대한 비평가들에게 하는 말.

> 응용 Don't be salty!

- **seems legit** seems legitimate. 합당한 것 같다. 프로젝트가 진지하고 유망해 보인다는 의미. 진지한 어조 일 수도 있고, 반어적으로 쓸 수도 있다.

- **Ser** 상대가 여자인지 남자인지 알 수 없는 장면에서 정중하게(종종 반어적으로) 사용되는 호칭.

- **shilling** 실링. 프로젝트에서 무언가를 샀거나 자신의 것이기 때문에 이기적인 이유에서 프로젝트 구매를 조장하는 것.

> 응용 Stop shilling your project! / No shill.

- **smh** Shaking my head. 절레절레하다.

- **SR** 아티스트가 1/1 최초 릴리스 아트를 판매용으로 제공하는 플랫폼인 슈퍼레어SuperRare 또는 블록체인에서 디지털 축구 트레이딩카드를 판매하는 회사인 소레어Sorare를 지칭.

- **stfu** Shut the fuck up. 닥쳐.

- **sweep the floor** 직역하면 '바닥을 쓸다'이지만, 여기서는 소유 목적뿐만 아니라 가격을 올리기 위해 하한가를 기록하는 한 프로젝트 또는 컬렉션을 싹쓸이한다는 의미.

- **szn** 글자 그대로 '시즌'. 여기서는 '시장 사이클'을 의미

- **tbf** To be frank. 솔직히.

- **tbh** To be honest. 솔직히.

- **the future of france** 'the future of finance 금융의 미래'에 대한 말 장난

- **TF** Twin Flames. 많은 사람들이 가장 중요한 사진 NFT 프로젝트로 간주하는 아티스트 저스틴 애버시노의 유명한 쌍둥이 초상화 사진 시리즈 트윈 플레임.

- **this is the way** 이런 게 바로 당신이죠! 긍정적인 행동에 대한 찬사.

- **ty** Thank you. 고마워요.

- **Tysm/tyvm** Thank you so much/Thank you very much. 정말 고마워요.

- **up only** 오를 일만 남았다. 가격 상승에 대한 낙관적인 표현.

- **VVD** VincentVanDough. 주요 인플루언서이자 부유한 NFT 수집가 빈센트 반 더흐빈센트 반 고흐를 연상시키는 가명.

- **wagmi** We are (all) gonna make it. 우리 모두 해낼 거야.

- **wami** We already made it. 우리가 해냈어.

- **Wen moon?** When moon? 그래서 가격 언제 올라?

  응용 Wen moon Bitcoin, ser?

- **wdyt** What do you think? 당신 생각은 어때?

- **wgmi** We gonna make it. 우리는 해 낼 거야.

- **whale** Wal. 엄청난 양의 암호화폐, 그러니까 수십만 개 이상의 비

트코인 또는 이더리움을 소유하고 있는 사람의 이름을 지칭.

- **wife changing money** 'Life changing money 인생을 바꾸는 돈'을 농담 조로 패러디한 것. 관계 시장에서 예상치 못한 새로운 기회 포함하여 인생을 근본적으로 바꾸는 많은 돈이라는 뜻.

중요한
인플루언서들

이제 NFT 커뮤니티의 언어를 할 수 있지만 그걸 어디에 써먹어야 가장 좋을까? NFT 세계를 잘 아는 사람이 누구일까? 누구의 판단을 믿을 수 있을까? 당연히 커뮤니티는 지속적으로 변한다. 여기에 소개할 목록은 모두 예비 목록이며, 이 책을 손에 넣을 때쯤이면 다른 목록도 포함될 가치가 있을 것이다. 하지만 몇몇 잘 알려진 인플루언서를 팔로우하기 시작하면 곧바로 넷 상에서 이 일에 열성적인 사람이 누구인지, 약간의 자기 홍보와 함께 지식을 아낌없이 공유하는 사람이 누구인지, 그리고 오로지 자신의 프로젝트만 추진하는 사람이 누구인지 알게 될 것이다. 여기서 내 광고를 잠시 하자면, 내 유튜브 채널과 트위터 계정에서 항상 지식을 공유한다. 간단히 구글에서 'Nullinger Twitter' 및 'Mike Hager Videos'라고 검색하면 된다.

다음은 NFT 세계의 흥미로운 인물들의 트위터 계정과 간략한 설명이다. 알파벳 순서로 되어 있고, 설명히 완전하다고 하기는 힘들지만 참고할 만한 가치가 있다.

@artchick.eth 아마도 NFT 세계에 대한 깊은 지식 때문에 눈에 띄는 미국인일 것 같다. 때로는 일부 프로젝트에 대한 (추정상 돈 때문에도 기꺼이 하는 것 같은)과장된 실링구매 선동 때문에 이 계정이 실제로 여러 사람들에게 '흥행이 되는'지 여부는 알 수 없다.

@beaniemaxi 카지노에서 일한 적이 있는 '도박사'로, 자칭 디파이 전문가이자 스포츠 베팅 및 코인 전문가. 자신이 보유하고 있는 투자를 밀기 때문에 조심해야 한다. (여기에 대해 자신의 트위터 계정 소개에서 이렇게 경고하고 있다. "늘 내가 현재 거래 중이며 내 포스팅은 내 보유자산에 편향될 수 있다고 가정할 것.") 그럼에도 불구하고 귀중한 콘텐츠와 커뮤니티에 대한 깊은 지식과 현장의 많은 경험을 볼 수 있다.

@crypto-888crypto 이 인플루언서는 가장 유명한(가장 많은 속성을 가진) 크립토펑크일명 시드 구문를 소유하고 있다. 그리고 오랫동안 현장에 있었다. 그는 또 유료 '888InnerCircle'을 운영하는 데 나는 개인적으로 회원이 아니다.

@Debussy100 NFT 세계에서 가장 우람한 팔뚝과 큰 심장을 가진 캐나다인. 내 초창기 시절에 우리는 트위터에서 많은 얘기를 주고받았는데, 아트 블록 및 그가 많이 알고 있는 다른 프로젝트에 대한

그의 트윗은 항상 최고의 알파 지식이었다. 그러나 어느 시점에서 그는 레어페페Rare Pepe. <Pepe the Frog>의 만화 캐릭터를 기반으로 만듦NFT로 접어들어 지금은 대부분 이 주제에 대해 트윗을 한다. 그래도 나는 그를 정말 좋아한다.

@DeezFi 본인 말로, 자신이 좋아하는 것을 사는 IT 전문가. '디즈DeeZe'는 공정하고 비판적이며 절대적인 NFT 전문가다. 그는 분할 소유 미술시장NFT 소유권 지분 구매에 급격히 경도되어 있는 데, 특히 프랙셔널 아트 플랫폼을 통해 이 분야를 열심히 '펌핑'하고 있다.

@defidonut 크리스 케이Kris Kay는 특히 NFT와 디파이가 계속 병합됨에 따라 팔로우해야 할 절대적인 디파이 전문가다. 크리스는 매우 도움이 되며 디파이 공간에서 그의 추천은 항상 신뢰할 수 있다.

@Degendata Degendata라고도 불리는 팻은 NFT 세계의 '데이터 신神'이다. 그는 전 세계적으로 얼마나 많은 월렛에 NFT가 있는지 또는 얼마나 많은 월렛이 펑크 또는 원숭이를 소유하고 있는 지 알고 있으며, 정보를 공유하는 데 매우 관대하다.

@farokh NFT에도 투자하는 미친 파티맨. 누군가는 그를 사랑하

고 또 누군가는 그를 미워하지만 그를 좋아하지 않아야 할 이유는 없다. 그는 NFT 세계 최고의 인싸이며, 특히 시드프레이즈와 좋은 친구다.

@garyvee 기업가적 천재이자 초기 NFT 매니아인 게리 바이너척의 트위터 계정. 260만 팔로워를 보유한 '게리 비'는 진정한 스타다. 그는 자신의 비프렌즈자신의 연례 콘퍼런스 VeeCon 입장 티켓으로 그가 그린 동물 그림를 열심히 펌핑하지만, 또 진정한 감정가로 50개 정도의 크립토펑크뿐만 아니라 가장 인기 있는 NFT를 수집하고 소유하고 있다.

@gmoneyNFT 이 초창기 NFT 매니아는 아디다스와 같은 대형 브랜드를 비롯한 대기업에 자문역을 한다. 전통적인 투자 분야 출신. 2021년 1월에 140이더를 지불하고 24개의 원숭이 펑크 중 하나를 소유한 것으로 유명하다. 가끔 자신의 투자나 그를 고용한 회사의 프로젝트를 추천하기는 하지만, 그래도 늘 귀중한 팁을 제공한다.

@hunterorrell 이 세계에서 아주 활동적인 청년으로 많은 이 분야 스타들과 접촉을 모색하고 그들과 충분히 오랫동안 함께 하면서 아이디어를 얻는다.

@iamDCinvestor 제너레이티브 아트의 주요 수집가로 엑스카피와 다수의 크립토펑크 등의 다양한 작품과 함께 수많은 링어스, 오토글리프 및 크로미 스퀴글 등으로 4천만 달러한화 약 484억 원를 소유하고 있다. 말을 아끼지 않고 자신이 구입한 NFT를 한 번도 재판매하지 않는 것이 특징인 진정한 전문가. (나는 NFT폴리오에 그의 월렛을 입력했기에 이것을 안다.) 또한 그는 이더리움 세계의 진정한 감정가다.

@kevinrose 150만 팔로워를 거느린 현장의 스타 중 한 명이다. 업계 최고의 팟캐스트 중 두 곳인 Modern.Finance와 Proof.xyz를 호스팅한다. 암호화폐 분야의 기업가이자 벤처 투자자. 그의 배경은 VC, 즉 벤처 캐피탈이다.

@Keyboard-Monkey3 암호화폐 투자자이자 프랭시와 함께 NFT를 구매해 가능한 한 수익을 얻고 다시 판매하는 가장 중요한 '단타 매매자'이다.

@Loopifyyy 그의 스레드 '(행운 없이)NFT로 부자가 되는 방법'은 모두가 읽어야 하는 NFT 트위터 역사의 멋진 작품이다. 나는 항상 그를 중용을 지키고 지식과 지혜가 충만한 사람이라 느꼈고, 지금도 기꺼이 그를 따른다.

@nathanhead 원래 아티스트로 'NFT와 디파이의 모든 것'에 대해 가장 많은 트윗을 할 수 있는 인플루언서이자 자신도 NFT 영역에서 상당한 컬렉션을 보유하고 있다. 조언과 행동으로 항상 내 편을 들어주는 따뜻한 사람이다.

@punk4156 '온체인 아바타 커뮤니티On Chain Avatar Communities'의 생성을 개선하려 하는 DAO탈중앙화 자율 조직인 나운스Nouns의 헌신적인 수집가이자 설립자. 그 같은 온체인 아바타들이 나운스다. 매일 여기에서 나운Noun이라는 새로운 픽셀 이미지가 무한 시리즈로 생성되고 경매에 부쳐진다. 한편, 이러한 NFT 중 일부는 엄청난 가격에 경매되고, 나운스다오NounsDAO의 월렛은 수백만 달러의 가치가 있다.

@punk6529 이 세계를 가장 잘 아는 사람 중 한 명. NFT와 탈중앙화에 대해 아주 선명한 견해를 가진 초기 펑크 소유자. '기관이 당신의 JPG를 훔치게 하지 말라'라는 그의 말은 전설적이며 해당 트위터 스레드는 모든 NFT 초보자(그리고 중급자)가 반드시 읽어야 하는 것 중 하나이다. 이기적인 동기에서 프로젝트를 선동할 사람이 아니라 탈중앙화와 자율성을 위한 독립적인 조언자다.

@pranksy NFT의 유명한 투자자이자 수집가, 모든 단타매매의 신.

또한 초반에 지루한 원숭이 1,500마리를 한 번에 사서 한 마리 빼고는 모두 재판매하는 것으로도 유명하다. 그에게 지루한 원숭이에 대한 팁을 빚지고 있다.

@tropofarmer 비니맥스Beaniemaxi의 적수. 이들은 때로 아주 재미있는 트위터 설전에서 논쟁을 벌인다. 이 전투에서 비니Beanie는 트로포Tropo가 뭘 모른다고 비난하고, 트로포는 자기가 또 다시 프로젝트를 선동하고 소유 '가방'을 '펌핑'한다는 근거 없는 주장을 한다고 비니를 끈덕지게 비난한다. 초기에 토로포는 자신은 이더가 하나뿐이며, 다른 모든 사람들이 실제로 그렇게 성공적인 이유를 궁금하다고 한 적이 있다. 하지만 그 사이 그의 월렛도 이미 많은 가치가 있다.

@Vince_Van_Dough 단기간에 수많은 NFT를 획득한 저명한 수집가. 2021년 여름에 다른 투자자들과 함께 NFT에 투자하는 1억 달러 펀드를 조성했다.

@Zeneca_33 뛰어난 아트 블록 전문 지식을 갖춘 컬렉터. 특히 연구 논문과 정량적 조사를 포스팅한다. 정보의 훌륭한 소스다.

디스코드
: 많은 NFT인들의 만남의 장소

이제 거의 모든 사람들이 트위터가 무엇인지 알고 있다. 심지어 나이 든 기독교민주연합CDU 소속 정치인들도 마찬가지다. 반면 디스코드는 아직 상대적으로 덜 알려져 있다. NFT 매니아들도 현재 원래 게이머 현장에서 메신저 서비스로 확대된 이 플랫폼을 사용하여 정보를 교환한다. 디스코드는 2015년에 설립되었으며, 2020년에 회사 캐치프레이즈를 '게이머를 위한 채팅'에서 '커뮤니티 및 친구들을 위한 채팅'으로 변경했다. 베이비 붐 세대와 연금 수령자들은 페이스북에서 만나는 것을 좋아하는데, NFT 음악이 트위터 외에 이제 디스코드 사이트에서도 재생된다. 거기에서 이메일 주소와 사용자 이름으로 등록한다.

여기서 한 가지 팁! 모든 NFT 관련 채널, 특히 오픈씨에서 동일한 사용자 이름을 선택하는 것이 좋다. 이렇게 해야 사람들이 당신을 알아보도록 할 수 있다. 이렇게 하면 트위터 및 다른 곳에서도 아티스트가 당신을 쉽게 찾아내 에어드롭무상 코인 분배, 즉 충성스러운 팔로워에게 선물을 줄 수가 있다. 이것은 드문 일이 아니며 이 커뮤니티는 무척 통이

그림 21 NFT를 통한 교환의 중요한 매체인 디스코드

크다. 디스코드에서는 '서버'라고 하는 최대 100개의 디스코드 채널을 동시에 구독할 수 있다. 오픈씨 또는 아트 블록과 같은 시장뿐만 아니라 많은 개별 아티스트, 수집가 및 영향력 있는 사람들도 이러한 서버를 보유하고 있다. 물론 게리비, 크립토펑크 및 기타 거물도 있다. 오픈씨와 같은 다른 웹사이트에서는 작은 디스코드 아이콘으로 이를 확인할 수 있다. 물론 내 멘토링 그룹에도 디스코드 서버가 있지만 액세스 권한은 내 멘토링 회원만 사용할 수 있다.

그림 21은 디스코드 페이지가 어떻게 구성되어 있는지 보여준다. 수직 막대의 왼쪽에는 가입된 모든 서버가 있다. 모든 사람이 볼 수 있는 공개 영역 외에도 일반적으로 각 서버에는 해당 그룹에 가입하고 자신을 인증한 사용자만을 위한 영역이 있다. 그런 다음 다양한 기준에 따

라 역할이 할당된다. 예를 들어 이 그룹에서 우선적으로 중요한 그런 NFT 소유자만을 위한 영역이 따로 있고, 또 심지어 아주 특정한 NFT 소유자만을 위한 좀 더 독점적인 영역도 있다. 예를 들어 크립토펑크를 소유하고 메타마스크 연결을 통해 이를 증명하는 사람은 크립토펑크 디스코드에서 녹색으로 표시되는 이름을 받게 되며, 이로써 이 그룹의 사회적 계층이 현저하게 상승한다. 그 사이에 심지어 펑크의 소유자임이 자기 월렛을 통해 확인되거나 아니면 펑크나 미빗Meebit 오너의 '친구'인 경우에만 이 디스코드에서 글쓰기가 가능하게 되었다.

내 관점에서 흥미로운 디스코드는 라바랩스특히 크립토펑크 하위 채널, 픽셀볼트PixelVault, 아트 블록, 비프렌즈 및 퀀텀 아트이다. 이미 언급한 것처럼 그 사이 난 디스코드 채널도 개설했다. 채널 이름은 '금융의 미래Future of Finance'이다.

알아야 할 사항 및 각별히 주의해야 할 사항

디스코드의 거의 모든 개인 메시지는 스팸, 심지어 스캠, 즉 사기 시도이다. 반응하지 않는 것이 가장 좋다. 메시지가 신뢰할 수 있는 것 같으면 트위터를 통해서만 소통한다고 답장하고 앞으로 그곳에서 아이디어를 교환할 것을 제안하라. 또한 디스코드 개인 메시지의 링크를 절대 클릭하지 마라. 한 번의 클릭으로 많은 피해를 초래할 수 있다! 메타마스크에서 무언가를 확인하는 모든 클릭은 블록체인에 수정할 수 없는 영향을 미친다. 따라서 메타마스크가 열린 후 마지막에 알 수 없는 링크를 클릭했을 때 예상한 결과가 나오지 않았다고 메타마스크의 확인을 여러 번 클릭하지 말라.

반면에 디스코드의 수많은 멋진 커뮤니티를 살펴보고 함께 읽으며 더 많은 관점을 가지고 토론에 참여하는 것은 전혀 무해하며, 아주 유익하고 재미있다. 그리고 이 모든 것을 비디오에서 다시 보고 싶다면 내 유튜브 채널에서 디스코드에 대한 짧은 튜토리얼을 찾을 수 있다.

이렇게 하면 된다
: 짧은 커뮤니티 에티켓

'에티켓'이란 표현이 댄스 스쿨과 50년대 이야기처럼 들릴지 몰라도 모든 그룹, 심지어 가장 멋진 커뮤니티에도 불문율의 행동 규칙이 있다. 또는 요즘말로 Dos and Don'ts 해야 할 일과 하지 말아야 할 일이라고도 하겠다. 그래서 여기 NFT 세계에서 어느 지점에 실수가 있고, 어떤 행동이 친절하다고 분류되고 심지어 명시적으로 칭찬을 받는지에 대한 개요가 있다. 이렇게 하면 된다!

해야 할 일

NFT인들은 서로 인사하고 상호간에 공손하다. 예를 들어 트위터나 디스코드에서 "GM!"으로 커뮤니티에 인사하는 사람은 누구나 답장을 받을 것이다. 그들은 특히 무기력한 신규 가입자들을 도울 준비가 되어 있다. 대부분의 회원들은 스스로가 초보였을 때를 기억하고 필요할 때는 자신이 아는 것을 아낌없이 공유한다. 종종 다이렉트 메시지로도 돕는다. 다른 사람들에게 가짜 서포트 메일 또는 그와 유사한 스캠_{사기} 메일을 즉시 알리는 것도 이런 정신의 일부다. 여기서 사기꾼들은 '도움'을 제안한 뒤 월렛을 털거나 다른 피해를 초래한다.

좋아하고 커뮤니티의 관심을 끌고 싶은 아티스트나 프로젝트를 지원하는 것도 해야 할 일 중 하나다. 따라서 자신의 이익을 위해 자신의 투자를 추진하는 것_{그러니까 '실링'}이 아닌, 한 누군가를 위해 자유롭게 선전해도 된다. 그 밖에 항상 각 그룹이 스스로에게 부여한 규칙을 읽고 따라야 한다. 예를 들어 일부 디스코드 채널은 제휴 링크를 원하지 않는데, 만약 남들이 기피하는 사람이 되고 싶지 않으면 그냥 그 채널에서 원하는 대로 행동하면 된다.

하지 말아야 할 일

개인적으로 이익이 되는 가격 인상을 희망하면서 자신의 프로젝트를 과도하게 '실링'하는 것 외에도 몇 가지 다른 금지 사항이 있다. 여기에는 예를 들어 모든 채널에서 도움을 요청하는 귀찮은 구걸이 포함된다. 특히 IRL_{소소하게 어휘 테스트 하나 하겠다. 앞에 'NFT 세계 필수 어휘 목록'을 참조하라}을 넘나드는 그런 지원 요청이 그렇다. 실제 세계에서는 우연히 같은 바에서 만난 사람에게 "이봐, 내게 돈 보낼 수 있어?"라고 소리치지 않을 것이다. 같은 메시지를 수없이 반복하여 자신의 콘텐츠를 성가시게 홍보하는 것도 좋은 반응을 얻지 못한다. 스팸 메일이 싫은가? 오케이, 그렇다면 다른 사람에게도 스팸 메일을 보내지 말라!

그 밖에 '메타 마스크'라는 단어는 굶주린 곰을 끌어들이는 꿀단지처럼 스패머와 스캐머들을 끌어들이기 때문에 자신의 게시물이나 트윗에 보통처럼 띄어 쓰는 것도 권장하지 않는다. 대신 'MM', 또는 '메타마스크MetaMask'라고 써라. 최소한 웹의 어두운 쪽에서도 이것마저 알아차릴 때까지는. 하지만 그러면 다른 NFT인들로부터 경고를 받을 게 거의 확실하다.

또한 예를 들어 '이거 스캠 메일인가요?'라는 질문과 함께 메시지에 링크를 붙여 넣지 말라. 의도치 않게 다른 사람이 링크를 성급하게 클릭하도록 유도할 수 있다. 특히 빨리, 피상적으로 읽는 것 또한 모든 커뮤니티에서 피해야 할 것 중 하나다. 나중에 후회할 일을 저지를 위험이 너무 크다. 범죄의 파트너들은 너무 교활하다. 예를 들어 그들은 'rn^{r+n}'이 종종 화면에서 'm'으로 읽힌다는 것을 재빨리 알아차렸다. 그런 다음 'elonrnusk'라는 이름을 사용하여 다른 사람들을 함정으로 유인하는 아이디어를 떠올리는 건 시간문제다. 그러니 화면에서 눈을 크게 뜨고 한 번 클릭하기 전에 두 번 읽어라!

난생 처음 NFT 구매하기
: 단계별 순서

여기서는 첫 번째 NFT 구매를 위해 필요한 중요 단계를 한 눈에 볼 수 있도록 했다. 암호화폐 거래소 크라켄, 암호화폐 월렛 메타마스크, 최대 NFT 마켓플레이스 오픈씨를 예로 들어 전체를 설명하겠다. 세 영역 모두 다른 공급자들이 있다. 이 세 곳을 선택한 이유는 모두 정평이 나있고 많이 이용되고 있기 때문이다. 경쟁 업체에서도 절차는 유사하다.

마지막 단계인 다른 NFT에 대한 입찰 제출과 관련하여, 수수료가스비를 지불하는 사람은 거래 유형에 따라 다르다. NFT가 고정 가격으로 판매되는 경우 구매자가 가스비를 지불한다. 판매자가 NFT에 대한 입찰을 수락하는 경우 판매자가 가스비를 지불한다. 자세한 내용은 오픈씨 서포트 카테고리에서 확인할 수 있다.

유로를 이더리움으로 교환, 메타마스크로 전송

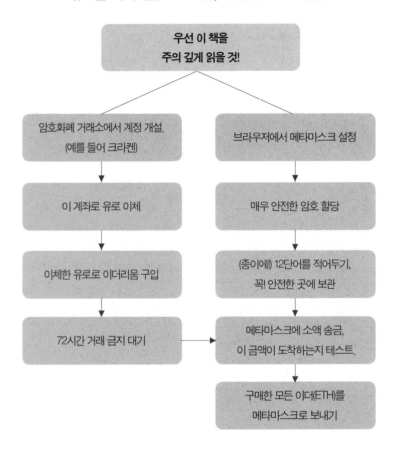

우선 이 책을
주의 깊게 읽을 것!

암호화폐 거래소에서 계정 개설.
(예를 들어 크라켄)

브라우저에서 메타마스크 설정

이 계좌로 유로 이체

매우 안전한 암호 할당

이체한 유로로 이더리움 구입

(종이에) 12단어를 적어두기,
꼭! 안전한 곳에 보관

72시간 거래 금지 대기

메타마스크에 소액 송금,
이 금액이 도착하는지 테스트.

구매한 모든 이더(ETH)를
메타마스크로 보내기

오픈 씨에 계정 계설

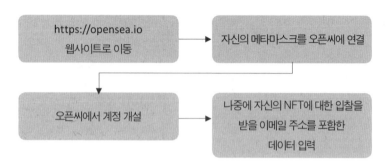

NFT 구매

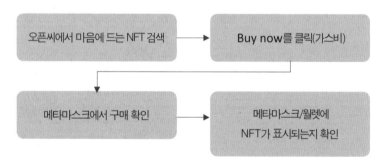

다른 NFT에 대한 입찰 제출

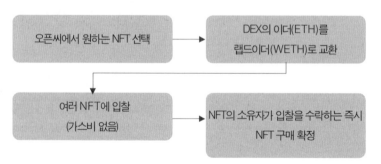

NFT
사용설명서

위험 및 부작용

앞 부분을 전혀 읽지 않았더라도, 이 파트만은 NFT에 투자하기 전에 주의 깊게 읽어보라! 예를 들어, 내 유튜브 채널에서 위험 및 부작용에 대해 문의하거나 내 멘토링 프로그램에 참여하는 등으로 경험 많은 NFT 투자자들에게 문의할 수도 있다.

NFT란 무엇이며
어떻게 사용되는가?

NFT는 고위험 투자다. 고수익을 거둘 수 있는 기회를 제공하지만 모두 잃을 수도 있는 위험도 있다. 가진 돈을 모두 잃을 지도 모른다. 이 완전히 새로운 자산군이 어떻게 발전할지 현재로서는 아무도 확실하게 예측할 수 없다. 마크 트웨인이 이미 멋지게 표현했듯이 예측은 어렵다, 미래에 관한 경우엔 특히 더더욱.

나는 크립토 아트와 기타 수집품에 큰 미래가 있다고 확신한다. 그렇지 않았다면 이 책을 쓰지 않았을 것이다. 그러나 5년 후에 내가 다음과 같은 질문을 할 수밖에 없는 경우도 생각해 볼 수 있다.

"마이크, 네 백만 달러 JPEG 재산은 실제로 어떻게 됐어? 요즘 아무도 NFT에 대해 이야기하지 않아!"

그러나 이 같은 악의적인 질문은 비트코인 환율이 몇 주, 몇 달 또는 몇 년 동안 다시 하락했을 때도 몇 번이고 내게 주어졌다. 하지만 비트코인 덕분에 나는 투자자로 살 수 있었다.

처음 NFT를 구매하기 전에
무엇을 고려해야 할까?

NFT 시장은 여느 시장과 마찬가지로 수요와 공급에 의해 주도된다. 이 말은 가지고 있는 NFT를 언제든지 자동으로 다시 판매할 수 없다는 의미다. 이것은 현재 원하는 가격을 지불할 의사가 있는 구매자를 찾은 경우에만 작동한다. NFT에 대한 수요가 없으면 NFT를 보유하거나 구매 가격보다 훨씬 낮은 가격으로 판매해야 한다. 심지어 NFT가 가치를 완전히 잃을 수도 있다. 많이 거래되고 인기가 많은 NFT도 종종 판매자가 시간이 촉박하고 현금이 부족할 때는 할인된 가격에 판매해야 한다.

금기사항
: 반드시 기억해둘 것!

다음에 해당된다면 당신은 NFT를 사면 안 된다.

- 생계에 필요한 자금(주택, 식비, 운영비 등)을 투자해야 하는 경우

- 투자할 돈을 빌려야 하는 경우

- 구매한 NFT가 빠르게 다시 수익을 낼 수 있다고 철석같이 믿는 경우

- 투자한 돈을 잃을 여유가 없는 경우

- 정보가 부족하고 투자 대상의 가치를 전혀 평가할 수 없는 경우

NFT의
적정 용량

NFT 시장 진입을 위해 '비대칭 리스크 원칙'을 추천한다. 이 말은 가치 증가의 기회를 제공하는 저렴한 NFT를 구매하거나 '발행'하라는 의미다작은 위험/높은 기회. 반면에 높은 손실높은 위험/불확실한 기회의 위험이 있는 현재 고평가된 고가의 NFT를 구매하면 안 된다.

한 가지 사례를 들어보자. 만약 당신이 262유로한화 약 34만 원에 해당하는 프로필 사진을 발행했다면, 이 경우 당신의 최대 위험은 이 262유로가스비 포함를 잃는 것이다. 그러나 이 책에서 설명하는 가치 평가 원칙을 따르고 약간의 운이 있다면 몇 주, 몇 달, 심지어 며칠 안에 해당 NFT를 10배, 50배 또는 그 이상에 팔 수 있다. 당신은 작은 위험을 감수하고 큰 이익을 얻었다. 예를 들어 이것은 내 멘토링 참가자 데니스Dennis에게 일어난 일이다. 그는 그전에 262유로에 발행했던 울프 게임Wolf Game의 양 NFT를 나중에 13,000유로한화 약 1,728만 원의 수익을 거두고 판매했다.

그런가 하면 정 반대 사례도 있다. 당신은 만약 직접 발행했더라면 300유로한화 약 39만 원 미만에 구입할 수 있었지만 최근 몇 주 동안 급격하게 가격이 오른 최신 프로필 사진 시리즈 중 한 장을 12,000유로한화 약 1,595만 원에 구입한다. 그런 다음 이 과열 구매 열풍은 예기치 않게 무너진다. (잠시 예를 들자면, 당신이 제작자가 잠수해버리는 '러그 풀Rug Pull' 프로젝트의 희생자가 되었기 때문에)당신의 투자는 갑자기 일부만 가치가 있거나 전혀 가치가 없다. 당신은 큰 위험을 감수했고 그에 상응하는 큰 손실을 입었다.

NFT로 이미 수익을 내고 있고 메타마스크가 이더로 가득 차 있다면 당연히 이 수익을 재투자하거나 아니면 그냥 두고 이더리움 환율 상승에 배팅할 수 있다.

중요한 안전 지침 및
특별한 위험 요소

NFT 세계에서 안전하게 움직이고 싶다면 각별한 주의가 필요하다. 한 분야에 돈이 많이 있을수록 범죄자와 사기꾼이 더 많이 붙는다. 또한 블록체인 세계의 익명성으로 인해 사기꾼과 스캐머들이 쉽게 위험을 감수하고 사라질 수 있다. 따라서 다음 안전 지침을 반드시 준수해야 한다!

안전제일!

누구도 당신의 메타마스크에 액세스 하지 못하게 하라. 이 말은 컴퓨터에서 메타마스크를 사용한 후에는 항상 로그아웃하라는 의미다. 그리고 가장 중요한 것은 12단어로 구성된 시드 구문^{비밀 복구 구문} 아무에게도 말하지 마라. 그것에 대해 질문하거나 PC, 노트북, 스마트폰에 입력하도록 요청하는 사람은 단 한 가지, 당신의 메타마스크를 터는 것만 염두에 두고 있다. 이것은 예외 없이 적용된다.

시드 구문의 12개 단어를 디지털 형식으로 저장하지 마라. 사진을 찍거나 파일에 저장하지 마라. 대신 종이에 적고 코팅하거나 냉동 백에 넣어 젖지 않게 하라. 이 종이를 당신만 아는 장소에 보관하라.

- 블록체인의 모든 새로운 거래(예를 들어 크라켄 거래소에서 메타마스크로 이더 전송 또는 DEX에서 랩드이더로 이더 교환)는 항상 작은 금액으로 시도하라. 모든 것이 제대로 작동하고 돈이 있어야 할 곳으로 간다고 확신할 때만 더 큰 금액을 이체하라.

- 전송은 하나의 블록체인 내에서만 작동한다는 사실을 명심하라. 예를 들어 비트코인을 이더리움 주소로 전송하거나 이더리움을 비트코인 주소로 전송하면 돈은 돌이킬 수 없이 손실된다.

- 액세스하는 웹사이트가 진짜 사이트인지 항상 확인하라. 구글 조회 수 또는 광고 배너를 클릭하지 말고 NFT 마켓플레이스, 플랫폼 등의 주소를 북마크에 추가하라. 사기꾼은 믿을 수 없을 정도로 실제 사이트를 재현한다. 그런 가짜 사이트에 메타마스크를 연결하면 지갑이 도용된다. 예를 들어 웹 주소에서 'metamsak'와 'MetaMask'는 상당히 유사해 보인다.

- 디스코드의 DM 다이렉트 메시지은 (겉보기에)친구에게서 온 것이라 하더라도 항상 스캠으로 취급하라. 사기꾼들이 친구의 프로필을 도용했을 수 있다. 이 같은 메시지는 클릭하지 말고, 꼭 하고 싶으면 중요한 일이면 트위터에서 의견을 나누자고 제안하라. 조심하라! 뭔가 매우 중요한 척하는 대부분의 DM들도 마찬가지로 스캠이다.

- 디스코드에 게시된 링크들을 열지 마라. 한 번의 잘못된 클릭으로 큰 피해를 입을 수 있다. 또한 '이거 사기 아닐까?'라고 물어보려고 의심스러운 링크를 직접 디스코드에 게시하지 마라. 무심결에 이 링크를 클릭하는 사람이 항상 있을 것이다.

- 구매하려는 NFT가 정품이고 실제로 존재하는지 확인하라. 오픈씨에서 오른쪽 파란색 체크 표시로 식별할 수 있다. 이 체크 표시가 왼쪽에 있으면 사기꾼이 복사해 붙여 넣은 것이다. 이걸 구별하는 나만의 기억법은 다음과 같다. '파란색 체크 표시가 오른쪽에 rechts 있으면 모든 것이 합법 rechtens, 파란색 눈금이 왼쪽에 links 있으면 왼쪽 숫자 linke Nummer'. 다른 판매 플랫폼에서도 검증된 NFT를 표시한다.

- 스팸 메일로 당신의 월렛에 배달되는 무료 NFT를 절대 클릭하지

마라. 당신이 구매하지 않은 것은 사기를 치려는 미끼스캠다. 오픈 씨는 당신 월렛에 이런 물방울들이 튀는 것을 완전히 막지는 못한다. 그걸 클릭하지 마라. 또 그걸 이동시킨다든지 판매한다든지 아니면 그와 유사한 것도 하지 마라. 이 모든 상호 작용이 손실을 초래할 수 있다. 그런 NFT는 그냥 무시하라.

그리고 마지막으로 중요한 것 하나. 뭔가가 너무 좋아 보일 때, 사실 그것은 그리 좋은 것이 아닐 확률이 높다. 예를 들어 가격이 천정부지로 치솟고 있는데 여전히 터무니없는 가격에 오랫동안 품절된 PFP를 얻을 수 있다고 약속하는 메시지 같은 것이 바로 그런 것이다.

NFT라는 신세계로의 여행,
멀리 가고 싶다면...

그러니까 이제 우리 앞에 NFT라는 멋진 신세계가 놓여있다. 많은
사람들이 '토끼 굴'이라고 부르는, 이어지는 수많은 갈래길 속으로 빠
져 들어갈 세계. 그러면 우리는 더 깊이, 좀 더 깊이, 더욱 깊이 그 속으
로 들어갈 것이다. 언젠가는 우리가 점점 더 많이 알아내기 때문에 더
이상 알아낼 수가 없다는 걸 알게 될 때 까지. 우리는 이 커뮤니티가
온라인에서 가장 친절하고 다정하며 가장 유용한 커뮤니티 중 하나임
을 알게 된다. 어제는 잘 못 샀다고 생각했던 구매가 며칠 후에는 가치
가 100배라는 사실을 알게 된다. 이 기술이 너무 새롭기 때문에 매일
새로운 것을 배울 수 있고, 게임을 계속하기 위해서는 결국 계속 배울
수밖에 없다는 걸 알게 된다. 마지막에 결국 모든 것은 항상 인간의 능
력 중에 가장 근원적인 능력, 즉 다른 사람과 소통하고, 관계를 형성하
며, 하나가 되고, 다른 이들에 손을 내밀고, 함께 전진하는 능력으로 소

급된다는 것을 알게 된다. "당신의 네트워크는 당신의 순자산이다Your network is your net worth." NFT 분야만큼 이 지혜가 들어맞는 곳은 없고, 어떤 분야에서도 이처럼 전 세계의 많은 친절한 사람들을 빨리 알 수 없다. WAGMIWe are all gonna make it. "빨리 가고 싶다면 혼자 가라. 멀리 가려면 다른 사람들과 함께 가라." 이 말은 다른 어떤 분야보다 이 세계에 타당한 말이다.

이 책을 통해 이제 우리는 함께 첫 발을 내디뎠다. 이제 원하는 경우 계속 진행할 차례다. 주위를 둘러보고 자신의 온전히 개인적인 길을 찾아보라. 내가 방향을 제시할 수 있기를 바란다. 나는 당신의 더 먼 길에 기꺼이 동행할 것이다. 그 동안 수백 명의 다른 사람들과 마찬가지로 원한다면 내 멘토링에 참여하라. 그리고 이 길을 먼저 혼자 걷고 싶어도 내 유튜브 채널의 비디오와 트위터에서 제공할 '알파'를 통해 기꺼이 당신의 길을 같이 걸을 것이다. 그런 공간에서 만나면 친절한 GM으로 인사할 것이다. 그리고 나를 본다면 이 책을 읽었음을 알려 달라. 우리의 암호는 "WAGMIKE"다.

NFT
단어사전

에어드롭부터 랩드이더까지

- **암호화폐 거래소** 암호화폐가 거래되는 거래소로, 이 곳에서 기존 통화를 비트코인, 이더 또는 기타 디지털 통화로 교환할 수 있다. CEX는 전통적인 금융 회사처럼 작동하는 반면, DEX는 '아날로그' 기관이 없는 블록체인의 자동화된 프로토콜이다.

  - CEX 예: Binance, Bitpanda, Coinbase, Kraken 등
  - DEX 예: Uniswap, SushiSwap 등

- **암호화폐** 블록체인에서 탈중앙화된 암호화 산술 연산을 기반으로 하는 디지털 통화. 이것을 통해 은행 및 국가 감독 당국으로부터 독립된 지불 거래가 가능하다. 최초의 암호화폐는 비트코인이다. NFT 세계에서 거래는 주로 이더로 이루어진다. 오늘날 암호화폐는 결제 수단일 뿐만 아니라 (위험한)투자 대상이다. 스타티스타statista. 독일 유명 통계 사이트에 따르면 2021년 10월 전 세계적으로 6,690개의 다양한 암호화폐가 있다.

- **Airdrop** 에어드롭. 개발자가 팔로워 및 고객에게 NFT(또는 코인)를 제공하는 것. 일반적으로 마케팅 목적으로, 때로는 프로젝트의 공식 시작 날짜 이전에 소셜 미디어 캠페인의 일부로 실시되지만 종종 NFT를 오래 소유하면서 단타매매(재판매)하지 않는 사람들을 위한 고객 유지 목적으로도 실행된다.

- **Art Blocks** 아트블록.　제너러티브 아트Generative Art를 위한 최고의 시장. 큐레이트된 플랫폼으로, 이곳에 출시된 NFT는 아트 블록 팀에서 검토되고 선택되었음을 의미한다. '큐레이트된 프로젝트'에 작품을 배치할 수 있는 사람은 뒤이어 큐레이트되지 않은 '아티스트 플레이그라운드Artists Playground'에 판매 작품을 제공할 수 있다.

- **Bitcoin** BTC. 비트코인.　현재까지 가장 잘 알려진 암호화폐. 2009년 초부터 존재했다. 이 디지털 통화의 원칙은 스토시 나카모토라는 별명을 가진 프로그래머팀에 의해 개발되었으며 '백서'에 설명되어 있다. 지불 수단으로 사용될 뿐만 아니라 (많은 암호화폐와 마찬가지로) 가치 저장 장치 또는 투기적 투자로도 사용된다.

- **Blockchain** 블록체인.　말 그대로 '블록 - 체인'으로 번역할 수 있다. 데이터 세트가 데이터 블록 형태로 연결되는 분산 프로그래밍 방법. 다수의 컴퓨터'노드', 말 그대로 '매듭'로 산술 연산이 분산되고, 각 후속 블록이 이전 블록의 정보를 반복하는 데이터 세트의 연결로 인해 블록체인은 극히 안전하고 투명한 데이터 저장 매체로 간주된다.

- **Coin** 코인.　글자 그대로 '동전', '돈'. 비트코인 또는 이더리움 같은 독립 암호화폐.

- **Dutch Auction** DA. 더치 옥션. '네덜란드 옥션' 방식은 시간이 지남에 따라 가격이 떨어진다. 따라서 너무 일찍 낙찰 받지 않아야 하고, 동시에 갑자기 입찰자 모두가 사고 싶어 하는 '스윗 스팟'에 도달했을 때 재빨리 낙찰 받는 것이 중요하다. 잉글리시 옥션 및 사일런트 옥션 참조.

- **DAI** 이른바 스테이블체인으로, 미국 달러와 1:1 가치를 갖는 암호화폐. DAI는 탈중앙화 스테이블코인으로, 중앙 계정에 달러로 저장되는 것이 아니라 플랫폼 메이커다오 makerdao 에 저장된다.

- **DAO** Dezentralisierte Autonome Organisation. 분권화된 자율 조직. 블록체인에 한 번 설치된 프로그램을 기반으로 자체 제어되고 외부 개입 없이 작동하는 기업 조직. DAO의 예는 게임 플랫폼인 디센트럴 게임즈 Decentral Games 이다.

- **DeFi** 디파이. 은행이나 보험 회사와 같은 기관 없이 순전히 네트워크의 산술 연산을 통해 실행되는 분권형 금융 서비스. 블록체인의 자동화된 프로토콜을 기반으로 한다.

- **Discord** 디스코드. 원래 게이머 세계에서 주로 사용되는 메신저 서

비스. 오늘날엔 많은 NFT 커뮤니티의 만남의 장소이기도 하다. 수많은 개인 아티스트, 수집가, 인플루언서 또는 오픈씨 같은 시장은 트위터 계정 외에도 디스코드 '서버'를 운영한다.

- **Drop** 드롭. 일정 기간 고정 가격으로 발행minten할 수 있는 한 NFT 프로젝트의 시작 날짜.

- **English Auction** EA. 잉글리시 옥션. 고정된 최소 가격을 기준으로 최고 입찰자에게 상품이 경매되는 고전적인 경매 형식.

- **Either** ETH. 이더. 비트코인에 이어 두 번째로 중요한 암호화폐로 이더리움 블록체인에서 운용되며, 비트코인 블록체인보다 스마트 계약 형태로 더 많은 기능을 가능하게 한다. 많은 수의 NFT들이 이더로 거래된다.

- **Etherscan** 이더스캔. 이더리움 블록체인이더을 위한 조사 도구이자 분석 툴블록체인 익스플로러. 가스 추적기가스비, 통화 변환기, 월렛 주소ENS 입력 시 특정 월렛의 모든 거래 표시. 통계(예: 일일 거래)와 같은 다양한 기능이 있다.

- **FIAT** 사회적 합의로 인해 교환 수단으로 사용되는 유로, 미국 달러 등과 같은 전통 통화.

- **Flippen** 플립핑. 물건을 사서 (가능한 이익을 내고)빠르게 재판매 하는 단타매매.

- **Floor Price** Floor. 하한가. 현재 NFT 컬렉션 또는 시리즈를 구매할 수 있는 최저 가격. 'Floor'는 글자 그대로 '바닥'.

- **Fractionalize** 분할. fractionalize는 '쪼개다, 나누다'라는 뜻이다. (주식 형태로 된 한 기업의 지분과 같이)한 NFT의 지분을 갖는 것. 예를 들어 프랙셔널 아트같은 플랫폼을 통해 가능하다.

- **Gas** Gas Fee. 가스비. 문자 그대로 '연료비' 또는 '기름값'. 채굴자가 블록체인의 블록을 확인하는 대가로 부과되는 이더리움 네트워크의 거래 수수료. 수수료가 있는지 여부와 수수료를 지불하는 사람은 거래 유형에 따라 다르다. 예를 들어, 오픈씨에서 구매자가 고정 가격으로 NFT를 구매하면 가스비를 지불한다. 판매자는 잠재 구매자의 입찰을 수락할 때 가스비를 지불한다. 가스비는 네트워크 사용량에 따라 다르다.

- **Gas Wars** 가스 전쟁. 네트워크 사용률이 높은 시간에 거래 속도를 높이기 위해 네트워크 사용자는 가스비를 수동으로 조정할 수 있으며, 채굴자는 예를 들어 → 메타마스크에서 '최우선 순위 요금'을 설정할 수 있다. 이 과정이 확대되면 가스 전쟁(연료 전쟁)이라고 한다.

- **Generative Art** 제너러티브 아트. 잠재적으로는 무한대지만 실제로는 대부분 제한된 수의 작품이 디지털 코드를 기반으로 생성되는 예술 형식. 이런 방식으로 모티브의 다양한 변형이 생성된다. 제너레이티브 아트를 제작할 때 구매자는 보통 첫 번째 샘플 프로젝트만 알고 있다. NFT를 획득채굴한 뒤에야 비로소 자신이 구매한 작품을 보게 된다. 제너러티브 아트의 가장 중요한 판매 플랫폼은 아트 블록이다.

- **Kraken** 크라켄. 은행에서 운영하는 CEX이며, 이 책에서 유로를 이더로 교환하는 방법을 설명하기 위해 사용된 거래소 사례다.

- **Ledger** 원장. 말 그대로 '원부' 또는 '현금출납장'. 여기서는 메타마스크와 같은 디지털 월렛에 액세스하기 위한 USB 스틱형 하드웨어 키 Key다. 발행 회사의 이름을 따서 명명되었고, 보안상의 이유로 '렛저www.ledger.com'에서만 구매하는 것이 가장 좋다.

• **Liquidity** 유동성. 라틴어로 liquidus는 '흐르는'이라는 뜻이다. 예를 들어 자신의 지불 의무를 이행하기 위한 재정 자원의 즉각적인 가용성이란 의미의 유동성을 의미한다. 유동성 자산은 높은 가치 손실의 위험 없이 언제든지 현금으로 전환할 수 있다. 현금 소유는 유동성이 높지만 유형 자산예: 부동산 또는 예술 작품은 유동성이 낮은 것이 특징이다.

• **MetaMask** 메타마스크.   NFT 영역에 널리 보급된 디지털 월렛으로, 모든 사용자는 공개 ENS 주소계좌 번호와 유사와 12단어시드 구문의 형태로 비밀 개인 키를 받는다. 대부분의 판매 플랫폼에서 링크된 개인 메타마스크가 있어야 거래가 가능하기 때문에 NFT를 구매하고 수집할 때 메타마스크 없이는 거의 불가능하다. 동시에 메타마스크는 블록체인에서 획득한 NFT의 저장 위치에 대한 액세스 역할도 한다.

• **Miner** 채굴자.   블록체인에서 복잡한 산술 연산암호화 작업을 해결하여 트랜잭션을 확인하고 새로운 블록을 생성하는 사람. 이는 각각의 암호화폐에서 새로운 코인이 생성되는 방식이다. mining, 즉 채굴에서 유래했다. 채굴자는 주로 작업 증명과 함께 작동하는 블록체인에서 활약한다.

• **Minten** 민팅, 발행, 주조.   글자 그대로 '주조, 발행하다'. 여기서는 제

작자의 프로젝트 페이지에서 직접 블록체인에서 생성되는 NFT에 대한 초기 구매를 의미한다. 발행은 보통 사전에 고지된 기간에 고정가격으로 소위 드롭을 통해 이루어진다. 그런 다음 이 NFT는 오픈씨와 같은 재판매 시장 또는 2차 시장에서 시장 가격으로 재판매된다. '주조'라는 이미지는 각각의 작품이 발행 과정에서만 나온다는 사실을 암시한다.

- **Non fungible** 대체 불가능. 대체 불가능, 즉 상호 교환할 수 없다. 예를 들어 지폐는 대체가 가능하다. 50유로_{한화 약 6만 원} 지폐는 5유로_{한화 약 6천 원} 지폐 10장 또는 10유로_{한화 약 1만 원} 지폐 5개로 쉽게 교환할 수 있다. 가옥, 예술 작품, 골동품 등과 같은 고유한 항목은 대체할 수 없다. 피카소를 마네 그림 5점으로, 마네 그림 5점을 피카소 그림 한 장과 교환하는 사람은 거의 없다. 엄밀히 말하면 지폐도 고유하다. 결국 개별 일련번호가 있지만 일반적으로 아무도 거기에 주의를 기울이지 않는다.

- **NFT** Non fungible Token. 대체 불가능 토큰. 블록체인에 저장된 인증서로 명확하게 식별할 수 있고, 한 명의 소유자에 속한 디지털 작품. 이를 통해 과거에는 인터넷에서 마음대로 카피할 수 있었던 작품이 유일물_{Unikat}이 된다. 예술 분야 외에도 NFT는 물류, 마케팅, 계약, 게

임 및 스포츠에서도 사용된다. 가능한 용도는 공급망의 증거 또는 제품의 진위 여부에서부터 디지털 축구 트레이딩 카드에 이르기까지 다양하다.

- **On chain** 온체인. 블록체인에 직접 저장된다. '온체인' NFT는 이더리움 블록체인에서 직접 호스팅된다. 여기에는 예를 들어 아트 블록 NFT아트 블록, 제너러티브 아트가 포함된다. 비용상의 이유로 대부분의 디지털 작품은 다른 저장 위치에 (IPFS, 즉 'Interplanetarg File System'으로 이상적으로 분산되어)보관된다. 그런 다음 블록체인 상에 NFT는 저장 위치를 참조하는 링크 형태로만 존재한다.

- **OpenSea** 오픈씨. 2017년에 설립된 NFT를 위한 최초이자 최대 시장. 큐레이트되지 않은 2차 시장으로, 누구나 여기에서 NFT를 올리고 판매할 수 있다. 예술, 음악, 트레이딩 카드, 도메인 이름, 수집가용 항목'Collectibles', 유틸리티 및 가상 세계에서 사용되는 항목예: 게임 등 다양한 전문 분야별 작품이 올라온다. 니프티 게이트웨이niftygateway에서 라리블까지 다른 마켓플레이스가 대략적으로 기반으로 하는 수많은 정렬 및 검색 기능을 제공한다.

- **Private Key** 개인 키. 메타마스크와 같은 디지털 콘텐츠에 대한 개인

액세스 키. 여기서 개인 키_{또는 백업 키}는 메타마스크를 설정할 때 할당되는 12단어의 개별 시퀀스로 구성된다. 아래 〈시드 구문, 비밀 복구 구문〉 참조. 이 개인 키를 소유한 사람은 누구나 메타마스크를 열고 비울 수 있다. 따라서 개인 키는 소유자가 안전하게 보관해야 하며 어떠한 경우에도 다른 사람이 액세스할 수 없도록 해야 한다.

- **Proof of Stake** PoS. 지분 증명. '지분 증명'을 기반으로 한 암호화폐의 새로운 코인 생성. 해당 암호화폐를 보유하고 있는 지분율에 비례하여 의사결정 권한을 주는 합의 알고리즘. 이더리움 블록체인은 작업 증명보다 에너지를 덜 소모하는 이 방식으로 전환된다고 한다. 그렇게 되면 이더리움 블록체인에 이더를 예치한 사람은 무작위 선정에 따라 새 블록의 유효성을 검증할 수 있는 권한을 가질 수 있고, 이에 대한 보상으로 추가 이더를 받는다.

- **Proof of Work** PoW. 작업 증명. 블록체인에 새 블록을 추가하는 복잡하고 에너지 소모적인 산술 연산을 통한 암호화폐를 채굴. 대략적으로 '작업 완료 인증' 또는 '작업 증명'으로 번역된다.

- **Seedphrase/Secret Recovery Phrase** 시드 구문/비밀 복구 문구. 암호화폐 지갑의 자동 백업을 언제든지 생성할 수 있는 키. 시드 구문

은 월렛의 모든 트랜잭션이 지속적으로 보호되도록 한다. 월렛을 설정할 때 사용한 장치를 분실한 경우 이 시드 구문을 사용하여 월렛을 쉽게 복원할 수 있다. 메타마스크를 사용하는 경우, 시드 구문은 메타마스크를 설정할 때 사용자에게 할당되는 임의의 12단어 시퀀스로 구성된다. 사용자가 원장외부 하드웨어 키으로 작업하는 경우 해당 시드 구문은 24단어로 구성된다. 보안상의 이유로 시드 구문은 절대로 디지털 방식으로 저장해서는 안 되며(사진도 안 된다!), 수기로 기록해 방수 포장(예: 라미네이트 코팅)하고 비밀 장소에 보관해야 한다. 암호화폐 월렛에 대한 중앙 지원은 존재하지 않기 때문에 시드 구문을 잃어버리면 월렛의 콘텐츠에 더 이상 액세스할 수 없다. 반대로 시드 구문을 소지한 사람은 누구나 해당 월렛을 비울 수 있다.

- **Secondary Market** 2차 시장. 원래 재정적 용어. 1차 시장에서 금융 상품예: 증권이 1차로 발행되고, 이후에 2차 시장에서 거래된다예: 증권 거래소. NFT 영역에서는 이미 발행된 NFT가 재판매되는 마켓플레이스를 2차 시장이라고 한다. NFT의 가장 중요한 2차 시장은 오픈씨다. 제2시장이라고도 한다.

- **Silent Auction** 사일런트 옥션. '침묵블라인드 경매'. 입찰자는 다른 입찰가를 모른다. 경매가 끝나면 가장 높은 입찰가를 제시한 입찰자가

낙찰된다. 니프티 게이트웨이 판매 플랫폼 등에 이 경매가 있다.

- **Smart Contract** 스마트 계약.　말 그대로 '지능형 계약'으로, NFT의 기반이 되는 산술 연산이다. 스마트 계약은 이전에 정의된 조건이 충족되는 즉시 'if → the' 패턴에 따라 특정 작업을 자동으로 수행하는 블록체인의 프로토콜이다. 예를 들어 NFT가 플랫폼에서 재판매될 때마다 아티스트 또는 작가의 고정 비율 공유와 같은 수많은 기능을 스마트 계약에 프로그래밍할 수 있다. 블록체인의 디지털 알고리즘인 스마트 계약은 투명하고 자체적으로 실행되며 되돌릴 수 없다. 또 계약 관계를 단순화하고 계약 파트너에 대한 개인적인 신뢰에서 벗어나, 상대를 '믿지 않는다.' 예를 들어 전통적인 갤러리에서 아티스트는 갤러리 소유자가 계약상 동의한 판매 수익금을 자신에게 양도할 것이라고 믿어야 한다. NFT를 사용하면 이것이 알고리즘에 의해 수행된다.

- **Stablecoin** 스테이블코인.　가치가 전통적 통화종종 미국 달러이지만 유로 또는 위안과 연결된 스테이블 코인도 있음와 1:1로 연결된 암호화폐. 또는 스테이블코인은 금과 같은 다른 '안정된' 자산으로 뒷받침될 수도 있다. 스테이블코인은 변동성 가치 변동을 최소화하고 디지털 방식으로도 사용할 수 있다. 예를 들면 달러 기반 USD 코인 USDC 또는 금괴용 암호화

폐 DigixDAO(DGD)가 있다.

- **Swap** 스와핑.   암호화폐 분야에서 하나의 토큰 표준을 다른 토큰 표준으로(이더를 랩드이더로) 또는 FIAT로 교환하는 것. 일반적으로 유니스왑 Uniswap 또는 스시스왑 SushiSwap과 같은 거래소에서 이루어진다.

- **Token** 토큰.   문자 그대로 '동전', '상품권' 또는 '칩'. 암호화폐 영역에서 디지털 자산 또는 디지털 상품. 코인과 달리 토큰은 자체 블록체인에 묶이지 않고 다른 블록체인에서 생산할 수 있다.

- **Unlockable Content** 잠금 해제 콘텐츠.   소유자만 액세스할 수 있고 다른 모든 사람에게는 보이지 않고 잠겨 있는 (잠금 해제할 수 있는) NFT의 숨겨진 추가 콘텐츠. 예를 들어 NFT 구매자는 특정 웹사이트, 이미지, 음악에 액세스할 수 있다.

- **Utility** 유틸리티.   NFT의 추가 기능. 예를 들면 게리 바이너척의 동물 사진 '비프렌즈'는 비콘 이벤트 티켓 기능을 하는 유틸리티를 장착하고 있으며, 또는 '지루한 원숭이 요트 클럽'에서는 회원 카드로도 사용된다.

- **Wallet** 월렛. 말 그대로 '지갑'. 자체 암호 화폐 또는 NFT와 같은 기타 블록체인 콘텐츠에 대한 액세스를 관리하는 디지털 지갑. 앱 형태이거나 또는 보안상의 이유로 사용자 자신의 키_{개인 키}를 통해 액세스 장치(예: USB 스틱과 유사한 원장)에 저장되는 '하드웨어 월렛' 형태로 되어 있다. NFT 영역에서 가장 많이 사용되는 월렛은 메타마스크이다.

- **Wrapped Ether** WETH. 랩드이더. 글자 그대로 '래핑된 이더'. 변환될 때 래핑된 이더는 정확히 이더 가격과 1:1이다. 차이점은 이더가 도입되었을 때 존재하지 않았던 토큰 표준 ERC-20이 랩드이더_{WETH}에서는 보장된다는 점에 있다. 이를 통해 기능 향상이 가능한 데, 예를 들어, 오픈씨에서는 단일 랩드이더로 같은 액수의 수많은 입찰을 제출할 수 있다. 분산형 암호화폐 거래소_{DEX}에서 이더를 랩드이더로 교환할 수 있다.

옮긴이 이정린

고려대학교 독어독문학과와 대학원에서 독어독문학 전공, 독일 마인츠 대학교에서 문학박사Dr. Phil. 취득. 고려대학교 독일어권문화연구소 교수 역임. 독일문학 관련 저서, 연구 논문 외 역서로는 아스트로크리미스 시리즈, 막스 프리쉬 〈몬타우크〉, 베르겐그륀 〈프랑스 태생의 쌍둥이남매〉, 〈내 안의 돌고래를 찾아라〉 등이 있다.

NFT로 부자 되기

초판 1쇄 인쇄일 2022년 4월 17일 • 초판 1쇄 발행일 2022년 4월 19일
지은이 미케 하거 • 옮긴이 이정린
펴낸곳 도서출판 예문 • 펴낸이 이주현
기획 정도준 • 편집 최희윤 • 마케팅 김현주
등록번호 제307-2009-48호 • 등록일 1995년 3월 22일 • 전화 02-765-2306
팩스 02-765-9306 • 홈페이지 www.yemun.co.kr
주소 서울시 강북구 솔샘로67길 62(미아동, 코리아나빌딩) 904호

ISBN 978-89-5659-442-2 13320

저작권법에 따라 보호받는 저작물이므로 무단전재와 복제를 금하며,
이 책 내용의 전부 또는 일부를 이용하려면 반드시 저작권자와
(주)도서출판 예문의 동의를 받아야 합니다.